AF577997

Um olhar sobre a comunicação verbal em manuais escolares do 2.º ciclo do Ensino Básico

(Segundo os Programas de Português do Ensino Básico, 2009)

Ficha Técnica

Autoras:
Maria Helina Roque das Neves Dias
Maria do Céu Fonseca

Título:
Um olhar sobre a comunicação verbal em manuais escolares do 2.º ciclo do Ensino Básico (Segundo os Programas de Português do Ensino Básico, 2009)

Coleção
LINGUÍSTICA – N.º17

Edição
CEL – Centro de Estudos em Letras
Universidade de Évora

Edição e revisão:
José Barbosa Machado, UTAD / CEL

ISBN

978-972-778-137-9

ÉVORA, 2019

Maria Helina Roque das Neves Dias
Maria do Céu Fonseca

Um olhar sobre a comunicação verbal em manuais escolares do 2.º ciclo do Ensino Básico

(Segundo os Programas de Português do Ensino Básico, 2009)

Coleção Linguística – n.º17

CEL – Centro de Estudos em Letras

Universidade de Évora

Tábua de Abreviaturas

Siglas	**Descrição**
CAOP	- Carta Administrativa Oficial de Portugal
CEL	- Conhecimento Explícito da Língua
CIEP	- Conferência Internacional sobre o Ensino do Português, 2007
CNBE	- Currículo Nacional do Ensino Básico – Competências Essenciais
DG	- Diário do Governo
DGEstE	- Direção Geral dos Estabelecimentos Escolares
DGIDC	- Direção Geral de Inovação e Desenvolvimento Curricular
DR	- Diário da República
DREAlentejo	- Direção Regional de Educação do Alentejo
DSRA	Direção de Serviços da Região Alentejo
DT	- Dicionário Terminológico
GAVE	- Gabinete de Avaliação Educacional
IELP	- Investigação e Ensino da Língua Portuguesa
IGP	- Instituto Geográfico Português
INE	- Instituto Nacional de Estatística
MA	- Manual de Português - *Diálogos - Língua Portuguesa, 5.º ano*
MB	- Manual de Português - *Dito e feito - Língua Portuguesa, 5.º ano*
MC	- Manual de Português - *P5 – Português - 5.º ano*
MD	- Manual de Português - *Porta viagens - Português 5.º ano*
ME	- Manual de Português - *Pretextos 5 - Língua Portuguesa – 5.º ano*
MF	- Manual de Português - *Etapas 5 - Língua Portuguesa – 5.º ano*
OCDE	- Organização para a Cooperação e Desenvolvimento Económico
PCA	- Projeto Curricular de Agrupamento
PCT	- Projeto Curricular de Turma
PEE	- Projeto Educativo da Escola
PISA	- Programme for Internacional Student Assessment
PNEP	- Programa Nacional de Ensino do Português
PNL	- Plano Nacional de Leitura
PPEB	- Programa de Português do Ensino Básico
TLEBS	- Terminologia Linguística para os Ensinos Básico e Secundário
UE	- União Europeia

Índice de gráficos e quadros

Gráficos

Quadros

INTRODUÇÃO

O presente trabalho visa o estudo de práticas de comunicação verbal em manuais de Língua Portuguesa (Castro e Sousa, 1998), adotados para o 5.º ano de escolaridade em várias escolas do ensino básico do distrito de Évora, no ano letivo 2011/2012.

Considerando que o objetivo principal do ensino de Língua Portuguesa consiste no desenvolvimento e aperfeiçoamento de competências comunicativas dos alunos, se é que assim se pode sintetizar a diversidade das aprendizagens essenciais desta disciplina no 2.º ciclo do Ensino Básico, interessa lançar um olhar sobre modalidades de comunicação verbal mais valorizadas em tais manuais, em conformidade com orientações programáticas oficiais. Considerando, por outro lado, que estes normativos curriculares se consubstanciam naqueles que são tidos pelos instrumentos mais usados em contexto escolar – os manuais escolares –, uns e outros constituem barómetro sensível da educação linguística, em geral, e da comunicação verbal, no caso em apreço. Entende-se serem os manuais escolares, independentemente da sua historicidade (Magalhães, 2011: 15), um guião do processo de ensino e aprendizagem, na medida em constituem o principal recurso pedagógico de professores e alunos, condicionando grande parte das atividades desenvolvidas na sala de aula. Uma vez elaborados a partir de orientações programáticas oficiais, determinam a prática letiva, e ajudam os professores a definir objetivos e a construir planificações.

A seleção dos títulos que constituem o *corpus* do presente trabalho foi feita por referência ao normativo curricular em que se escoram. Pretendeu-se cobrir o âmbito da aplicação dos *Programas de Português do Ensino Básico* (PPEB), de Reis *et al.* (2009), "porventura, o documento normativo para a educação linguística em Portugal mais bem fundamentado, construído e divulgado nas últimas décadas" (Silva e Pereira, 2017: 111). Prevendo uma componente de reflexão expressa sobre o funcionamento da língua, o ensino da gramática de tipo oficinal que estes Programas consignam, está em consonância com boas práticas do conhecimento científico: "observação de dados, detecção de regularidades, formulação de generalizações claras, teste dessas generalizações com novos dados" (Duarte, 2008: 16) conduzirão a importantes ganhos cognitivos ao nível gramatical. Tendo em conta que estes PPEB (Reis *et al.*, 2009), introduzidos de forma faseada, entraram em vigor no ano letivo de 2011/2012, novas diretrizes foram implementadas e, por conseguinte, presume-se que estejam presentes nos manuais escolares da época. Foi opção, por isso, escolher um elenco de seis manuais escolares de Português adotados em 2011/2012 para o 5.º ano, em escolas básicas do distrito de Évora (cf. Capítulo III), área geográfica privilegiada por constituir a realidade mais próxima e conhecida das presentes autoras, e enquadrar-se no contexto espacial da Universidade de Évora, onde nasceu o presente trabalho. Pretende-se verificar em que medida as atividades propostas nos manuais (nos domínios da leitura, escrita, oralidade e conhecimento explícito da língua) dão cumprimento às novas orientações programáticas, analisar quais as modalidades verbais didaticamente mais valorizadas e verificar também em que medida as próprias orientações programáticas são fatores condicionantes.

Estruturado em três capítulos, seguidos de uma sinopse com considerações finais, apresenta-se no Capítulo I deste trabalho uma breve caracterização do contexto de estudo, nomeadamente das escolas do distrito de Évora (com destaque para aquelas onde é lecionado o 2.º ciclo do Ensino Básico) e do seu meio envolvente.

O Capítulo II é reservado a aspetos teóricos da comunicação verbal para melhor enquadramento de toda a temática: revisitam-se alguns conceitos teóricos que relacionam as práticas da comunicação verbal com o ensino-aprendizagem da Língua Portuguesa e destaca-se o lugar que a disciplina assume no currículo oficial, assim como o seu impacto na formação e desenvolvimento dos alunos. Tem-se presente uma das recomendações da CIEP, nomeadamente a de que o ensino gramatical "deve ser instituído ou reforçado, na sala de aula (...), sem propósito de ilustração de correntes linguísticas e das respectivas concepções gramaticais, privilegiando-se antes uma gramática normativa, como ponto de partida para a revalorização da gramaticalidade do idioma" (Reis, 2008: 240). Retomando trabalhos de Castro (1995), Magalhães (2011), Castro, Rodrigues, Silva e Sousa (1999), o manual escolar é também aqui alvo de uma análise no que toca à sua definição, a características, a funções principais e ao seu papel na promoção de práticas de comunicação verbal. Ainda neste Capítulo, faz-se uma abordagem a conceitos-chave dos PPEB (Reis *et al.*, 2009) e a opções programáticas para os três ciclos do Ensino Básico, com um breve panorama diacrónico dos vários programas implementados, bem como da sua importância para a inovação educativa.

O Capítulo III é reservado ao estudo empírico. Aqui se procura dar resposta aos objetivos delineados para este trabalho, assim como caracterizar o objeto de estudo em análise: os referidos manuais escolares de Língua Portuguesa/Português do 5.º ano. Recorre-se a uma metodologia de tipo qualitativo/descritivo que tem por base os PPEB (Reis *et al.*, 2009) e os manuais escolares em análise, começando-se pela apresentação da organização geral dos manuais e passando-se depois à interpretação dos dados sobre as práticas de comunicação verbal ao nível das competências da leitura, oralidade e escrita. O conhecimento explícito da língua, dada a sua transversalidade, não pode ser dissociado deste estudo, pelo que também será objeto de análise.

Por último, seguem-se as considerações finais onde se reequaciona a temática em estudo e se revisitam os momentos mais importantes do trabalho, capítulo a capítulo, recordando as conclusões principais a que se chegou.

Em anexo são apresentados alguns documentos que, pela sua pertinência, conquistam um lugar neste trabalho, nomeadamente exemplos de sequências didáticas para aplicação das novas orientações programáticas.

CAPÍTULO I

CARACTERIZAÇÃO DO CONTEXTO DE ESTUDO

1 - Região Alentejo: caracterização ao nível educativo

Em matéria de educação/formação, a situação portuguesa é, como se sabe, bastante problemática. Vários são os problemas nacionais nesse domínio. Está provado em vários estudos, nomeadamente da OCDE (Organização para a Cooperação e Desenvolvimento Económico), que Portugal é um país de baixa literacia, embora nos últimos estudos essa tendência tenha melhorado[1]. O facto de a escolaridade obrigatória ter alargado sucessivamente de quatro para nove e depois para doze anos, associado ao aumento da procura de escolarização, principalmente através da iniciativa "Novas Oportunidades", nomeadamente dos cursos de Educação e Formação de Adultos (EFA) e Cursos de Educação e Formação de Jovens (CEF) e do processo de Reconhecimento, Validação e Certificação de Competências (RVCC) e do processo "+23"[2], faz com que o nível de instrução atingido pela população portuguesa tenha progredido de forma muito expressiva. Comparativamente aos Censos de 2001, observa-se um recuo na população com níveis de instrução mais reduzidos, designadamente até ao ensino básico – 2.º ciclo e um aumento dos níveis de qualificação superiores principalmente no grupo das mulheres (Gráfico 1).

---

[1] No relatório PISA de 2009 (Programme for International Students Assessment), que faz uma avaliação comparada dos conhecimentos dos alunos com 15 anos de idade, de vários países da OCDE, nas áreas de leitura, matemática e ciências, verificou-se que no âmbito do sistema educativo português houve uma evolução muito positiva. Portugal, que nos relatórios anteriores ocupava o fundo da tabela aproximou-se mais da média da OCDE, obtendo uma classificação de 489 pontos, muito próxima da média da OCDE, que é de 493 (PISA, 2009).

[2] Este processo permite a maiores de 23 anos, independentemente das habilitações académicas de que são titulares, candidatarem-se à universidade.

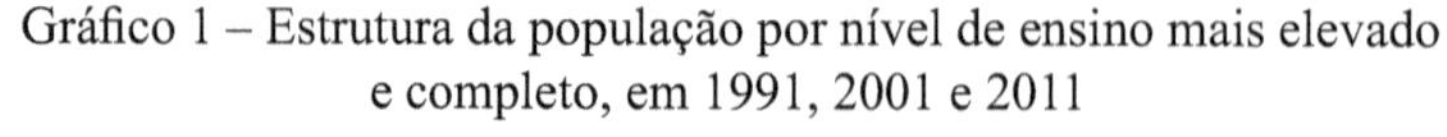

Gráfico 1 – Estrutura da população por nível de ensino mais elevado e completo, em 1991, 2001 e 2011

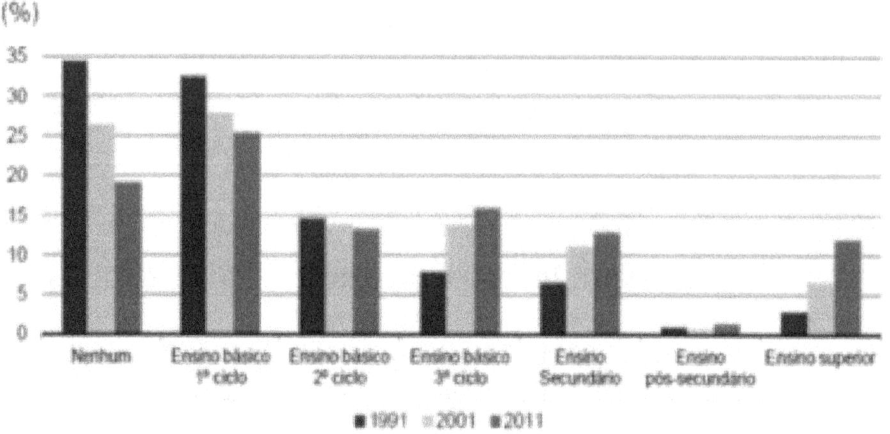

Fonte: Censos 2011 – resultados provisórios

Do total da população que, em 2011, possuía o ensino superior completo (12%), cerca de 61% são mulheres. Esta situação de predomínio das mulheres repete-se no ensino secundário (52%) e ao nível do ensino básico, do 1.º ciclo (51,8%) e nas estatísticas da população sem qualquer nível de ensino (56,5%) (INE, 2011). No caso do 2.º ciclo, 3.º ciclo e pós-secundário, a percentagem de homens é superior à das mulheres (54,5%, 52,3% e 55,6%, respetivamente) (Gráfico 2).

Gráfico 2 – Estrutura da população por nível de ensino mais elevado e completo por sexo em 2011

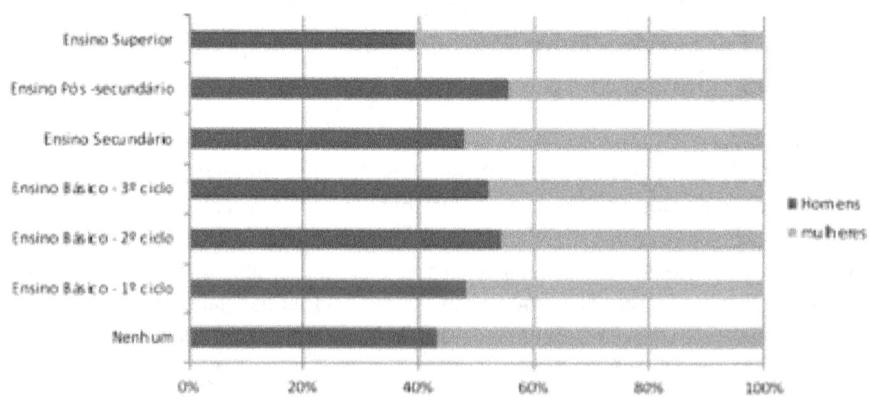

Fonte: Censos 2011 – resultados provisórios

Segundo os dados da OCDE (2011: 46), o programa "Novas Oportunidades" introduzido em Portugal em 2005 com o objetivo de alargar o referencial mínimo de formação até ao 12.º ano de escolaridade e providenciar uma segunda oportunidade para jovens e adultos, que deixaram a escola muito cedo ou em risco de o fazer, contribuiu, em muito, para as melhorias registadas. De facto, observou-se um decréscimo da percentagem da população apenas com o 1.º ciclo, passando de 32,6% em 1991 para cerca de 25% em 2011 (INE, 2011) e a um aumento exponencial de conclusão do ensino superior. A população apurada nos Censos 2011 que possui o ensino superior completo quase duplicou na última década. Passou de 674 094 pessoas que concluíram o ensino superior em 2001 (7,3%) para as 1 262 449 em 2011 (12%). Comparativamente a 1991, a diferença é mais acentuada, pois segundo os dados apurados nessa data, apenas 284 075 pessoas (2,9%) possuíam o ensino superior completo. Segundo a OCDE, a taxa de obtenção de diplomas no final do ensino secundário também sofreu um aumento significativo nos dados apurados em 2009, rondando os 96% (mais 34% do que em 2008). O mesmo relatório refere que cerca de um terço (35%) da população que adquiriu esse nível tem acima dos 25 anos, deduzindo-se que saíram dos programas oferecidos pela Iniciativa Novas Oportunidades, uma vez que, se observarmos o "ensino regular", as percentagens no final do ensino secundário seguem a tendência de anos anteriores. Sendo assim, a população portuguesa apurada nos censos 2011, que possuía o ensino secundário era de 12,9%. Em relação ao 2.º e 3.º ciclos, os níveis de instrução correspondentes atingem cerca de 13% e 16% da população, respetivamente.

A região Alentejo, e muito concretamente o distrito de Évora, não são exceção e seguem as tendências de todo o país, embora com percentagens mais elevadas nos níveis de ensino mais baixos e percentagens com valores mais baixos nos níveis de ensino mais elevados. Por exemplo, o número de habitantes com o ensino superior é relativamente mais baixo que noutras zonas do país (cerca de 8,9%), só seguido pelos Açores (8,4%). A população da região de Lisboa é a que apresenta níveis de ensino mais elevados, comparativamente com as restantes. Cerca de 16,7% da população de Lisboa possui o ensino superior, seguindo-se as regiões Centro, Algarve e Norte com cerca de 10%. A Região Autónoma da Madeira aparece a seguir com 9,9%, sucedendo-lhe o Alentejo e por último os Açores. A nível do ensino secundário, também a região de Lisboa aparece em 1.º lugar com 15,6% da população com o ensino secundário completo, seguida da região do Algarve com cerca de 15%. Segue-se a região Alentejo com 12,4% da sua população com ensino secundário completo. No ensino pós-secundário apenas 1,1% da população atingiu esse nível. Isto significa que 22,4% da população do Alentejo tem habilitações acima do ensino básico, contra os 54,3% que adquiriram como nível de instrução mais elevado o ensino básico (26,1% no primeiro ciclo, 12,4% no 2.º e 15,8% no 3.º ciclo), não esquecendo os 23% que não têm qualquer nível de instrução (INE, 2011).

Face ao exposto, pode-se concluir que apesar das melhorias, Portugal continua com um baixo nível de escolaridade, bem como elevadas taxas de analfabetismo, principalmente nos grupos etários mais velhos, o que segundo a OCDE se reflete na produtividade. Na sua avaliação da economia do país, concluiu que a falta de produtividade em Portugal é em grande parte explicada pelos "baixos níveis de educação" da mão-de-obra portuguesa. No relatório sobre a Economia Portuguesa 2012, a mesma organização analisa a educação em relação estrita com o mercado laboral, postulando que "menos trabalhadores habilitados são um obstáculo à capacidade da mão-de-obra portuguesa aprender depressa e adaptar-se a um ambiente em rápida mutação" (Lusa/SOL, 2012).

Na verdade, os níveis de alfabetização continuam a provocar alguma preocupação, pois ainda persiste cerca de 19% da população sem qualquer nível de ensino. Entre os países que fazem parte da OCDE, Portugal é o país onde a população ativa entre os 25 e os 64 anos tem menos formação académica. Segundo os dados de 2009, apenas 30% terminou o secundário, enquanto a média da OCDE é de 73%. O nível de população portuguesa com educação universitária é também muito baixo (aproximadamente 12%). No Alentejo esta situação toma contornos mais drásticos.

Relativamente aos fenómenos de insucesso escolar e abandono escolar[1], sabe-se que o sistema português é caracterizado pelas elevadas taxas de abandono escolar e de insucesso escolar. Segundo o artigo "Abandono Escolar Precoce em Portugal é o terceiro mais elevado da UE" (*Jornal de Notícias*, 7/06/2012), os dados da Comissão Europeia (CE) indicam que a taxa de abandono escolar precoce em Portugal é de 23,2%, de acordo com os dados de 2011, sendo o terceiro Estado-mem-

---

[1] O abandono escolar precoce é definido como a taxa de jovens entre os 18 e os 24 anos com habilitações, na melhor das hipóteses, ao nível do secundário que não seguem quaisquer ações de educação nem formação.

bro com o pior indicador, depois de Malta (33,5%) e Espanha (26,5%) e sendo também a média europeia de 13,5%. Bruxelas nota, no entanto, que Portugal fez progressos na matéria, uma vez que a taxa era, em 2000, de 43,6%. No que se refere à taxa de insucesso, no relatório da OCDE de 2009 (PISA, 2009), Portugal detém o 4.º nível mais alto de repetência, entre os 34 países, com 35% dos alunos a reprovarem um ou mais anos, contra uma taxa média da OCDE de 13%. Apenas a Espanha, França e Luxemburgo apresentam uma taxa de reprovação superior à nacional. No Alentejo, ambas as taxas se situam acima da média nacional, sendo que no distrito de Évora estes problemas têm também elevada expressão, apesar de todas as iniciativas que as escolas e outros organismos, nomeadamente as Direções Regionais, têm proporcionado. De salientar também o Programa de Territorialização de Políticas Educativas de Intervenção Prioritária e a criação de uma rede de escolas, quc no ano lctivo 2012/2013 passou a ter dezassete escolas/agrupamentos no Alentejo, seis das quais no distrito de Évora (Estremoz, Évora, Mourão, Vila Viçosa, Vendas Novas e Alcácer do Sal).

Numa região polarizada pela baixa densidade populacional, a cobertura territorial dos estabelecimentos de ensino dedicados ao ensino obrigatório apresenta-se equilibrada. No que concerne ao ensino secundário e profissional, constata-se uma razoável cobertura da região, embora com alguma concentração de equipamentos nas sedes de concelho. Em termos de oferta formativa, pode-se dizer que a região tem uma diversidade de oferta, abrangendo as várias tipologias de alunos, desde o pré-escolar até ao secundário, passando pelos cursos, CEF, EFA e profissionais, embora com algumas limitações atuais, devido a novas orientações que preveem o fecho dos centros Novas Oportunidades no final do ano 2012.

2. As escolas e o meio

2.1. O distrito de Évora

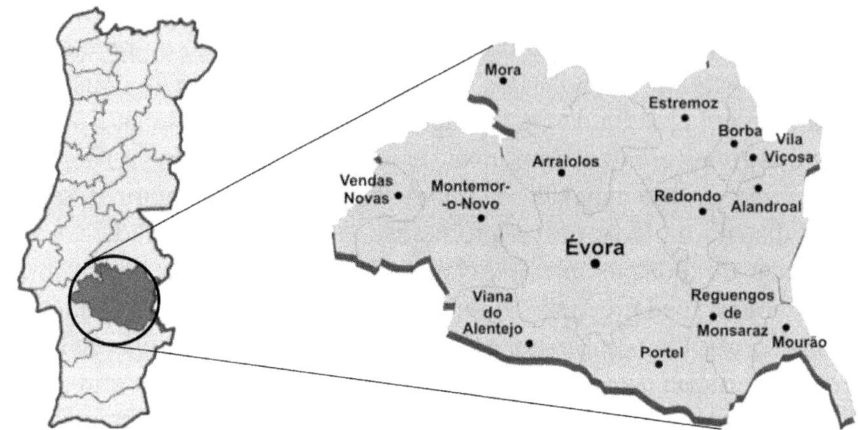

Fonte: http://www.buscainmobiliarias.com/pt/imobiliarias_evora.asp e http://www.evoradigital.biz/pt/conteudos/territorial/caracterizacao+do+distrito/

Gráfico 3 – Localização e limites dos concelhos do distrito de Évora

O distrito de Évora corresponde quase por completo à sub-região do Alentejo Central (Gráfico 3). A norte faz fronteira com a região de Lezíria do Tejo e com o Alto Alentejo, a este com a Espanha (província da Extremadura), a sul com o Baixo Alentejo e com o Alentejo Litoral e a oeste com a Península de Setúbal. Com uma área de 7 393,5 Km2 (IGP, 2012) e uma população residente de 166 802 habitantes (INE, 2011), assume-se como o segundo maior distrito de Portugal, embora com uma baixa densidade populacional (22,6 habitantes por quilómetro quadrado), principalmente se a compararmos com a média nacional (114,5 hab./km2) (Quadro 1). O distrito é constituído por 14 concelhos: Alandroal, Arraiolos, Borba, Estremoz, Évora, Montemor-o-Novo, Mora[1], Mourão, Portel, Redondo, Reguengos de Monsaraz, Vendas Novas, Viana do Alentejo e Vila Viçosa.

Estes concelhos estendem-se por uma região de povoamento concentrado com indícios de desertificação no plano populacional, ca-

[1] Mora é considerada, em termos estatísticos, como fazendo parte do distrito de Portalegre e Sousel no (distrito de Évora), mas ao longo do estudo considerar-se-ão sempre os dados referentes a Mora, uma vez que faz parte dos concelhos abrangidos pela DREAlentejo atual DGEstE-DSRA.

racterísticos das zonas interiores, na qual a cidade de Évora, capital do distrito, emerge como um polo de significa atração, contrariando a tendência que caracteriza muitas das cidades do interior. Aliás, o concelho de Évora é o polo urbano que apresenta maior número de habitantes (56 596), com cerca de 33,9% da totalidade do distrito, confirmando a sua supremacia no conjunto do sistema urbano nacional da região Alentejo e interior. Em contrapartida, Mourão apresenta o índice mais baixo de população residente (2 663 habitantes - 1,6%). Os concelhos de Montemor-o-Novo (17 437 habitantes), Estremoz (14 298 habitantes), Vendas Novas (11 846 habitantes) e Reguengos de Monsaraz (10 828 habitantes) são os concelhos que a seguir a Évora apresentam um maior número de residentes. Todos os outros concelhos têm uma população abaixo dos dez mil habitantes (Quadro 1).

Quadro 1 – Indicadores de população no distrito de Évora

Zona Geográfica	Área Km^2	População Censos 2001	População Censos 2011	≠ 2001/2011	Densidade Populacional	Índice de envelhecimento	Índice de dependência total
		H/M	H/M	%	Hab./km^2	%	%
Portugal	92212,0	10356117	10561614	1,98	114,5	129	51,6
Alentejo	31604,9	776585	757190	-2,50	24,0	179	60,9
Alentejo Central	7393,6	173646	166802	-3,94	22,6	184	60,9
Alandroal	542,7	6585	5843	-11,27	10,8	268	72,3
Arraiolos	683,7	7616	7363	-3,32	10,8	212	63,3
Borba	145,2	7782	7333	-5,77	50,5	230	62,0
Estremoz	513,8	15672	14298	-8,77	27,8	246	67,4
Évora	1307,1	56519	56596	0,14	43,3	138	52,0
Montemor-o-Novo	1233,0	18578	17437	-6,14	14,1	240	69,1
Mora	444,0	5788	4978	-13,99	11,2	330	77,0
Mourão	278,6	3230	2663	-17,55	9,6	167	70,2
Portel	601,0	7109	6428	-9,58	10,7	222	67,1
Redondo	369,5	7288	7031	-3,53	19,0	202	63,0
Reguengos de Monsaraz	464,0	11382	10828	-4,87	23,3	170	62,6
Vendas Novas	222,4	11619	11846	1,95	53,3	179	64,9
Viana do Alentejo	393,7	5615	5743	2,28	14,6	179	66,5
Vila Viçosa	194,9	8871	8319	-6,22	42,7	184	56,9

Fonte: INE:2011 – Censos 2011 - Resultados Provisórios e IGP - CAOP 2012

Em termos demográficos o Quadro 1 mostra ainda que o distrito perdeu população na década 2001-2011. De facto, com exceção de Évora, Vendas Novas e Viana do Alentejo, que tiveram um ligeiro acréscimo de população, todos os demais concelhos apresentam taxas de crescimento efetivo negativo, a acompanhar a tendência da região Alentejo. Em virtude deste facto, assiste-se também a um duplo envelhecimento da população, fenómeno que se tem vindo a agravar. Naturalmente que tal facto não deixará de ter influência em termos da distribuição da população em função das habilitações literárias, uma vez que, a uma população mais envelhecida corresponderão, necessariamente, níveis mais baixos e vice-versa.

No plano da economia, o distrito de Évora revela uma diversificação progressiva da base económica com forte tendência para o setor terciário. Predominam no distrito, atividades ligadas aos serviços administrativos, pequeno comércio, artesanato e turismo. Tal poderá estar relacionado com o facto de em Évora se concentrarem as direções regionais dos serviços centrais do estado, que empregam grande parte da população. O setor secundário tem vindo a sofrer um importante crescimento na indústria transformadora, nomeadamente de algumas empresas de tecnologia de ponta (empresas de componentes eletrónicos e de aeronáutica), principalmente em Évora, e na indústria alimentar (azeite, vinho, queijos, enchidos...) e extrativa (madeira, cortiça e mármore). Este facto relega para terceiro plano o setor primário. A indústria assume-se assim como o segundo grande empregador no distrito, largamente concentrada nos concelhos de Évora, Vendas Novas e nos municípios que configuram a zona dos mármores (Estremoz, Borba, Vila Viçosa e Alandroal) (AMDE, 2008: 22).

Apesar desta diversificação, a agricultura permanece como atividade de relevo, particularmente nos concelhos limítrofes da sede de distrito, ocupando ainda uma importante parte da população ativa. De entre as atividades agrícolas, destacam-se o cultivo de cereais, culturas industriais na área da hortifruticultura, olival e vinha, assim como prados temporários e culturas forrageiras de apoio à atividade pecuária. Na silvicultura, o destaque é dado ao montado de sobro e azinho com a região a produzir grande parte do total nacional de cortiça. A oliveira também tem um lugar importante no distrito. No que concerne à produção de azeite, a maior parte dos concelhos do distrito abrange duas das principais zonas de produção dos Azeites do Alentejo (azeite do norte alentejano e o azeite do Alentejo interior). Em termos vitícolas, o distrito é a unidade mais importante da região Alentejo, uma vez que aqui se inserem as principais zonas vitícolas, nomeadamente a zona demarcada de Borba, Redondo, Reguengos, Évora e parte de Granja/Amareleja. A pecuária tem também relativa importância. A ovinocultura é a atividade com maior peso seguido da bovinicultura de carne e de leite e da suinicultura.

No campo social, principalmente a nível de equipamentos e infraestruturas sociais, o distrito apresenta um significativo nível de cobertura. No plano da educação e saúde, há a referenciar uma rede variada de estabelecimentos de ensino, desde o pré-escolar ao ensino superior, além de escolas profissionais e um estabelecimento de ensino artístico. No que se refere à saúde, considera-se que o distrito dispõe de uma rede de cuidados bem estruturada, embora com algumas fragilidades que a própria caracterização do distrito assume. De destacar a existência de três hospitais, bem como um conjunto de infraestruturas auxiliares, nomeadamente uma rede de cuidados primários suportada pela presença de centros de saúde em todos os concelhos, apoiados por extensões nos principais aglomerados urbanos (AMDE, 2008: 38).

No plano de apoio ao turismo, setor com significativo potencial de desenvolvimento, existe uma grande oferta, não só de roteiros turísticos, dadas as características históricas da região, como de alojamento, embora a maior parte se situe no concelho de Évora.

Por tudo isto, o distrito de Évora apresenta-se como um dos territórios com maior dinâmica a nível regional. Da análise realizada a diferentes variáveis, constata-se que se destaca como um território com algum dinamismo, apresentando na maior parte dos indicadores em análise, comportamentos positivos relativamente à média regional.

2.2.1. As escolas e o meio envolvente[1]

Alandroal

Alandroal é um concelho situado numa zona interior da sub-região do Alentejo Central com seis freguesias: Alandroal (Nossa Senhora da Conceição), Santo António de Capelins, Juromenha (Nossa Senhora do Loreto), São Brás dos Matos (Mina do Bugalho), Santiago Maior e Terena (São Pedro). É limitado a norte pelo concelho de Vila Viçosa, a este é totalmente delineado pelo rio Guadiana (Espanha), a sul por Mourão e Reguengos de Monsaraz e a oeste pelo município de Redondo. O concelho tem uma área de 542,7 km2 (IGP, 2012) e 5 843 habitantes segundo os censos 2011 (menos 742 (-11,27%) em relação a 2001) (INE, 2011). Todo o concelho sofre de uma interiorização acentuada com povoações

---

[1] De referir que os dados referentes ao número de alunos se reportam ao ano letivo 2011-2012. O mesmo acontece em relação às freguesias que depois de 2013 foram extintas/reformuladas. Segundo o jornal *Correio da Manhã* (11/11/2012), a Unidade Técnica para a Reorganização Administrativa do Território (UTRAT) irá extinguir na região em estudo 22 freguesias de um total de 91passando para 69 freguesias. O concelho de Évora é líder no maior número de extinções, ficando com apenas 12 em vez de 19 (Canaviais, Nossa Senhora da Graça do Divor, Nossa Senhora de Machede, São Bento do Mato, São Miguel de Machede e Torre dos Coelheiros. Juntam: Santo Antão + São Mamede + Sé e São Pedro, todas da cidade de Évora; Bacelo + Senhora da Saúde; Horta das Figueiras + Malagueira; Nossa Senhora da Boa Fé + São Sebastião da Giesteira; Nossa Senhora da Tourega + Nossa Senhora de Guadalupe; São Manços + São Vicente do Pigeiro); Alandroal ficará com 4 (Capelins, Santiago Maior, Terena e Alandroal + Juromenha + São Brás dos Matos); Arraiolos 5 (Arraiolos, Igrejinha, Vimieiro e São Pedro da Gafanhoeira + Sabugueiro e Santa Justa + São Gregório), Estremoz 9 (Arcos, Évora Monte, Glória, São Domingos de Ana Loura, Veiros e Santa Maria + Santo André ambas de Estremoz, Santa Vitória do Ameixial + São Bento do Ameixial, Santo Estevão + São Bento do Cortiço e São Bento de Ana Loura + São Lourenço de Mamporcão); Montemor-o-Novo 7 (Cabrela, Ciborro, Foros de Vale Figueira, Santiago do Escoural, São Cristóvão e Cortiçadas de Lavre + Lavre, Nossa Senhora do Bispo + Nossa Senhora da Vila, ambas de Montemor-o-Novo + Silveiras); Portel 6 (Monte do Trigo, Portel, Santana, Vera Cruz e Alqueva + Amieira, Oriola + São Bartolomeu do Outeiro), Reguengos de Monsaraz 4 (Corval, Monsaraz, Reguengos de Monsaraz e Campinho + Campo; Vila Viçosa 4 (Bencatel, Ciladas, Pardais e Conceição + São Bartolomeu, ambas de Vila Viçosa; Mora, Vendas Novas, Viana do Alentejo, Mourão, Redondo e Borba mantêm o número de freguesias.

bastante dispersas e algumas habitações isoladas em montes de difícil acessibilidade. É por isso uma área com características predominantemente rurais, que tem vindo a perder importância ao longo dos anos, provocando um êxodo rural bastante acentuado.

Encontrando-se debilitado o tecido económico da região, devido à fraca industrialização, que maioritariamente se encontra ligada à extração e transformação de mármores e à construção civil, e com o declínio da atividade agrícola e o aumento dos serviços, sobretudo nas freguesias com algum cariz urbano, assiste-se a uma redução do efetivo populacional que paralelamente se tem vindo a tornar mais envelhecido. Esta tendência de perda e envelhecimento da população também é justificada pela migração interna. Os trabalhadores desempregados do setor agrícola e, principalmente, a população mais jovem, não sendo absorvidos pelo mercado de trabalho regional, procuram melhores condições de vida e trabalho noutras regiões mais desenvolvidas e consequentemente mais atrativas.

No que se refere à população salientam-se as baixas qualificações académicas (cerca de 25% da população não tem nenhum nível de instrução, 33% tem o primeiro ciclo, 13,9% tem o segundo ciclo e só 4,5 % tem o ensino superior (INE, 2011).

Quanto à rede escolar, o Agrupamento de Escolas do Alandroal com sede na Escola Básica Diogo Lopes Sequeira, totaliza todos os estabelecimentos de educação e ensino públicos do concelho de Alandroal: Escola Básica Integrada Diogo Lopes Sequeira, onde funciona o 2.º ciclo, Jardim de Infância do Alandroal e de Montejuntos e as EB/JI de Pias e Terena num total de 535 alunos, distribuídos por 28 turmas (DREAlentejo, 2012). De salientar que, nos últimos anos, fecharam várias escolas básicas, confirmando as fortes tendências de desertificação e envelhecimento populacional que caracterizam o Alentejo e acima de tudo o concelho.

Arraiolos

Arraiolos é um concelho rural com 683,7 km2 (IGP, 2012), repartidos por sete freguesias: Arraiolos, Igrejinha, Santa Justa, Sabugueiro, Vimieiro, S. Gregório e S. Pedro da Gafanhoeira. É limitado a norte pelos concelhos de Mora e Coruche, a Oeste pelo concelho de Montemor-o-Novo, a sul pelo concelho de Évora e a este pelos concelhos de Estremoz e Sousel.

Segundo os censos de 2011, a população residente no concelho de Arraiolos era de 7 363 habitantes (menos 253 habitantes (-3,3%) que em 2001). Ao analisar os índices resumo da população residente no concelho em 2011, verifica-se que é uma população envelhecida, que se reflete no índice de envelhecimento de 212,5% (IGP, 2012).

No que diz respeito ao grau de escolaridade da população, conclui-se que existem baixos níveis de escolarização com percentagens ao nível do ensino básico de 56,6% (27,1% no 1.º ciclo, 13 % no 2.º e 16,4% no 3.º ciclo), contra os 19,9% que possuem o ensino secundário (12,3%), pós-secundário (0,86%) ou superior (6.7%). Salientam-se também os cerca de 23,6% da população que não tem nenhum nível de instrução.

Ao nível empresarial, predominam no concelho as empresas na área do comércio. A atividade agrícola, produção animal, caça e silvicultura assumem igualmente grande importância.

Quanto à rede escolar, o concelho abrange treze estabelecimentos de ensino/educação (dez do setor público e três IPSS do setor privado). No setor público, há a salientar o Agrupamento de Escolas de Arraiolos, com sede na Escola Básica e Secundária Cunha Rivara, que abarca todos os ciclos, desde a educação pré-escolar ao ensino secundário, num total de 877 alunos, distribuídos por 51 turmas (DREAlentejo, 2012).

Borba

Borba é o concelho com menor área do distrito de Évora a que correspondem 145,2 km2 (IGP, 2012), distribuídos por quatro freguesias: Matriz (freguesia urbana e rural), S. Bartolomeu (freguesia urbana), Rio de Moinhos e Orada, ambas freguesias rurais. Tem uma densidade populacional de 50,5 hab./km2, sendo uma das mais altas da região a seguir a Vendas Novas (53,3 hab./km2) e superior à capital de distrito (43,3 hab./Km2). Situado no extremo norte do distrito de Évora, é confrontado a norte e nascente pelo distrito de Portalegre, a sueste pelo concelho de Vila Viçosa, a sul pelos municípios de Alandroal e Redondo e a oeste pelo concelho de Estremoz.

Em termos populacionais, o concelho registou, nas últimas décadas, uma quebra na sua população, totalizando nos censos 2011, 7 333 habitantes, menos 449 indivíduos, ou seja, menos 5,8% relativamente ao ano censitário anterior. A população de Borba é caracterizada pelo seu duplo envelhecimento, confirmado por um índice de envelhecimento de 230% e pelas baixas qualificações académicas, uma vez que mais de metade da população não tem qualquer nível de instrução (24,9%) ou tem apenas o 1.º ciclo do ensino básico (27,6%). Com o nível secundário ou superior há apenas 19,7% da população (6,1% com o secundário, 0,83% o pós-secundário e 6,4% o superior). Os restantes 27.8% têm habilitações a nível do 2.º ciclo (13,5%) e 3.º ciclo (14,3%) (IGP, 2012).

À semelhança do que acontece com os concelhos de Estremoz, Alandroal e Vila Viçosa, o de Borba fica situado na zona denominada "Zona dos Mármores", dadas as atividades económicas de extração e transformação de mármores que aí se praticam. Estas são as principais atividades económicas do concelho e que mais postos de trabalho geram, sobretudo para os indivíduos do sexo masculino. A atividade agrícola, nomeadamente a cultura da vinha, o olival, a atividade florestal e o fabrico de queijos é outro tipo de atividade que caracteriza o concelho, para além do setor terciário e do artesanato (trabalhos em madeira e mármore, cestaria e trabalhos em cortiça).

O Agrupamento de Escolas do concelho de Borba insere-se num meio completamente rural e engloba seis estabelecimentos: do ensino básico, a Escola Básica Padre Bento Pereira (escola sede), as escolas básicas de 1.º ciclo com jardim de infância de Borba, Rio de Moinhos e Nora, a escola básica de 1.º ciclo de Orada, o Jardim de Infância de Orada e o estabelecimento do pré-escolar da Santa Casa da Misericórdia do setor privado num total de 735 alunos distribuídos por 38 turmas (DREAlentejo, 2012).

Estremoz

O concelho de Estremoz está integrado no subgrupo de municípios do Alentejo Central, numa região denominada por "Zona dos Mármores", conjuntamente com os municípios de Alandroal, Borba e Vila Viçosa. Faz fronteira com os concelhos de Borba, Évora, Redondo, Sousel, Fronteira e Monforte. Ocupa uma área de 513, 8 km2 (IGP: 2012) distribuídos por 13 freguesias, 2 urbanas (Santo André e Santa Maria) e 11 rurais; Arcos, Évora Monte, Glória, S. Bento do Ameixial, S. Bento do Cortiço, Veiros, S. Bento de Ana Loura, S. Domingos de Ana Loura, Santo Estevão, S. Lourenço de Mamporcão e Santa Vitória do Ameixial.

Segundo os Censos 2011, Estremoz voltou a perder efetivos na última década. A sua população é agora de 14 298 habitantes (menos

1374 (-8,77%) que em 2001), sendo que 11,6% pertencem ao grupo dos jovens (0-14 anos) e 28,6% ao grupo dos idosos (com 65 ou mais anos), confirmando um índice de envelhecimento de 246 (INE, 2011).

No que se refere às qualificações, a população do concelho revela baixas qualificações. Existe ainda cerca de 23,9% da população sem qualquer nível de instrução e 26,3% possui o 1.º ciclo do Ensino Básico. A nível do ensino secundário ou superior, apenas 22,7% atingiu esses níveis (13,4% o secundário, 1% o pós-secundário e 8.3% o ensino superior). Os restantes 27% distribuem-se pelo 2.º e 3.º ciclos, revelando que mais de metade da população possui habilitações a nível do ensino básico (53,4%).

Relativamente à atividade económica, o setor dos serviços apresenta-se como o maior empregador. No entanto, situado numa zona rica em mármores, a extração é uma das atividades económicas também muito importante, assim como a produção de vinho, azeite e também a de enchidos, queijos e artesanato.

A rede escolar do concelho abarca 14 estabelecimentos de ensino/educação do setor público (Agrupamento de Escolas de Estremoz e Escola Secundária Rainha Santa Isabel) e sete do setor privado, entre os quais um polo da Escola Profissional da Região Alentejo com um total de 2 100 alunos distribuídos por 113 turmas (DREAlentejo, 2012). O Agrupamento de Escolas de Estremoz, que integra o grupo de escolas TEIP (Território Educativo de Intervenção Prioritária) do país, tem sede na Escola Básica Sebastião da Gama e abrange a maioria dos estabelecimentos de ensino desde o nível pré-escolar até ao 3.º ciclo, sendo constituído por treze dos estabelecimentos educativos distribuídos pelas várias freguesias do concelho: quatro estabelecimentos nas freguesias da cidade e os restantes distribuídos pelas freguesias rurais (INE, 2011).

O Agrupamento tem ainda em funcionamento, nas suas instalações, o Centro Novas Oportunidade, o qual possibilita, através do processo de Reconhecimento, Validação e Certificação de Competências (RVCC), a validação de saberes, experiências de vida e competências, dando origem a um certificado escolar equivalente ao ensino básico ou secundário.

Évora

O Concelho de Évora tem uma área de 1,307 km2 (IGP, 2012) a que correspondem 19 freguesias: sete urbanas (três no Centro Histórico de Évora) e 12 rurais distribuídas por três grandes áreas. A área urbana, que corresponde ao centro histórico, inclui a totalidade das freguesias da Sé e São Pedro, São Mamede e Santo Antão, e à Cidade Extramuros, na qual se consideram parcialmente as Freguesias de Senhora da Saúde, Malagueira, Bacelo e Horta das Figueiras. A zona de transição corresponde à área envolvente da área urbana e inclui subsecções das freguesias de Senhora da Saúde, Malagueira, Bacelo e Horta das Figueiras, e a totalidade da freguesia rural dos Canaviais. A restante área corresponde ao conjunto das freguesias rurais (Nossa Senhora de Machede, Nossa Senhora da Boa Fé, Nossa Senhora da Graça do Divor, Nossa Senhora da Tourega, Nossa Senhora de Guadalupe, S. Miguel de Machede, S. Manços, S. Vicente do Pigeiro, S. Sebastião da Giesteira S. Vicente do Mato e Torre dos Coelheiros). Segundo os censos de 2011, residiam em Évora 56 596 habitantes, correspondentes a 7,5% da população do Alentejo e a 0,53% da população de Portugal (INE, 2011).

O município é limitado a norte pelo município de Arraiolos, a nordeste por Estremoz, a leste pelo Redondo, a sueste por Reguengos de Monsaraz, a sul por Portel, a sudoeste por Viana do Alentejo e a oeste por Montemor-o-Novo. É sede de distrito e de antiga diocese, sendo metrópole eclesiástica (Arquidiocese de Évora). Em termos do concelho, Évora é o polo urbano com maior número de habitantes, nomeadamente cerca de 33,9% da totalidade do distrito e um dos três concelhos que viu a sua população aumentar na última década, a par dos concelhos de Vendas Novas e Viana do Alentejo. Ao nível da população, este concelho registou, entre 2001 e 2011, um crescimento populacional muito ligeiro, na ordem dos 77 habitantes (0,14%). Pese embora o envelhecimento da sua população, é no concelho de Évora que se verifica um menor envelhecimento populacional do total dos concelhos analisados, apresentando um Índice de Envelhecimento de 138 pontos percentuais (INE, 2011).

No que se refere à escolarização, a população residente no concelho apresenta níveis de ensino mais favoráveis, quando comparado com o resto do distrito. De facto, cerca de 33% da população tem o ensino secundário ou superior (15,5% com o secundário, 1,5% com o pós-secundário e 16% com o ensino superior). Em contrapartida, ainda há cerca de 18,5% sem qualquer nível de instrução. Os restantes 48,6% atingiram como nível de instrução mais elevado o ensino Básico (21,5% ao nível do 1.º ciclo, 11,6% do 2.º ciclo e 15,5% do 3.º ciclo) (INE, 2011).

A posição geográfica específica do concelho de Évora e muito concretamente da cidade de Évora, no Centro do Alentejo, confere-lhe o estatuto de uma localização privilegiada, uma vez que se situa entre pontos de interesse e polarizadores de desenvolvimento, nomeadamente a orla litoral, onde se situa o polo industrial de Sines, a Área Metropolitana de Lisboa, a Extremadura Espanhola e Alqueva. Este facto revela-se propício à concentração de infraestruturas de apoio ao desenvolvimento regional e à localização de algumas empresas multinacionais, como é o caso da *Tyco Eletronics, Kemett Eletronics* e depois a *Embraer*, ambas localizadas na cidade de Évora.

O facto de ser também um ponto de interesse em termos de turismo e lazer, contribui para o seu desenvolvimento e importância.

No concelho predominam as atividades ligadas ao setor terciário, que ocupa cerca de 2/3 da população ativa na área administrativa, comércio, turismo e artesanato, seguindo-se o setor secundário, com as indústrias alimentar, extrativa (madeira, cortiça e mármore) e componentes eletrónicos (Évora) e só depois o setor primário.

No que concerne à rede escolar, há a salientar no concelho de Évora 66 estabelecimentos de ensino/educação desde creches a escolas secundárias (43 do setor público e 23 do setor privado) com um total de 9487 alunos distribuídos por 458 turmas. De destacar a Universidade de Évora no que concerne ao ensino superior. Dos estabelecimentos públicos, quatro lecionam a nível do ensino secundário e situam-se na capital de distrito, Évora. Os restantes, desde o pré-escolar até ao 3.º ciclo, agrupam-se em quatro Agrupamentos de escolas: o Agrupamento de Escolas Manuel Ferreira Patrício de Évora (antigo Agrupamento de Escolas n.º 1 de Évora), o Agrupamento de Escolas n.º 2 de Évora, o Agrupamento de Escolas n.º 3 de Évora e o Agrupamento de Escolas n.º 4 de Évora. O Agrupamento de Escolas Manuel Ferreira Patrício de Évora foi criado em 2004 com a inauguração da escola sede (Escola Básica Integrada com Jardim de Infância da Malagueira – EBI/JI da Malagueira)[1]. Em 2009 foi considerado Território Educativo de Intervenção Prioritária (TEIP). É de referir que todos os polos do Agrupamento (cinco escolas e dois jardins de infância) se situam na mesma freguesia da cidade de Évora – Freguesia da Malagueira – à exceção da EB/JI de Valverde, que fica a 12 km de Évora, na freguesia de Valverde, uma zona de características predominantemente rurais. O Agrupamento de Escolas n.º 2 de Évora com sede na Escola Básica André de Resende engloba 8 estabelecimen-

---

[1] Atualmente é denominada por Escola Básica Manuel Ferreira Patrício.

tos das freguesias urbanas da cidade e 1 estabelecimento da freguesia rural de S. Vicente do Pigeiro (EB1 de Vendinha). Do Agrupamento de Escolas n.º 3, cuja sede é a Escola Básica de Santa Clara de Évora, fazem parte dez estabelecimentos, seis situados em freguesias rurais e quatro nas freguesias urbanas. Quanto ao Agrupamento de Escolas n.º 4, cuja sede é a Escola Básica Conde Vilalva, a maioria das escolas (11 escolas) localizam-se em freguesias rurais entre os quais a EPEI (Educação Pré-Escolar Itinerante) de S. Miguel de Machede). Apenas três escolas estão localizadas em freguesias urbanas (DREAlentejo, 2012).

Montemor-o-Novo

Localizado a oeste no Alentejo Central, Montemor-o-Novo é o segundo maior concelho do distrito de Évora ocupando uma área de 1 232,9 Km2 (IGP, 2012) distribuída por dez freguesias (Cabrela, Lavre, Nossa Senhora do Bispo, Nossa Senhora da Vila (maioritariamente urbanas), Santiago do Escoural, São Cristóvão, Ciborro, Cortiçadas de Lavre, Silveiras e Foros de Vale Figueira). Faz fronteira com os concelhos de Vendas Novas e Montijo, a oeste; Alcácer do Sal e Viana do Alentejo, a sul; Évora e Arraiolos, a este; e Coruche, a norte.

Com uma população de 17 437 habitantes, menos 1 141 habitantes (-6,14%) que em 2001, representa 10,45% da população residente na sub-região Alentejo Central e é o segundo concelho da sub-região com mais habitantes, apesar de uma densidade populacional pouco acentuada (14,1 hab./km2) (INE, 2011). Da análise da estrutura etária da população residente no concelho, constata-se que existe um elevado envelhecimento populacional. De facto, cerca de 28,8% da população residente tem 65 ou mais anos, contra os 12% da população jovem (0-14 anos) a que corresponde a um índice de envelhecimento de 240% (INE, 2011).

No que se refere aos níveis de instrução constata-se que 54,4% da população tem habilitações a nível do ensino básico e 20,4% tem o ensino secundário ou superior (11,6% o secundário, 0,99% o pós-secundário e 7,8% o ensino superior). De salientar ainda que cerca de 25,2% não tem qualquer nível de instrução (INE, 2011).

Em termos económicos, destacam-se, no concelho de Montemor-o-Novo, atividades ligadas à agricultura, pecuária e atividades florestais, com produções de azeite, vinho, cortiça e mel. A componente industrial do concelho reflete-se nas indústrias alimentares, madeira e cortiça e metalurgia. De salientar ainda a atividade de prospeção de minerais nas freguesias de Santiago do Escoural e de Nossa Senhora da Boa-fé (Évora). As atividades económicas que mais postos de trabalho geram no concelho pertencem ao setor terciário, nomeadamente o comércio e os serviços. A agricultura tem também destaque, sobretudos nas freguesias rurais.

Quanto à rede escolar, 1 999 alunos repartidos por 105 turmas frequentaram os 16 estabelecimentos do setor público (Escola Secundária de Montemor-o-Novo e Agrupamento de Escolas de Montemor-o-Novo com sede na Escola Básica São João de Deus) e quatro no setor privado num total de 20 estabelecimentos. Do Agrupamento de Escolas de Montemor-o-Novo fazem parte 15 estabelecimentos (seis na cidade e os restantes nas freguesias rurais) (DREAlentejo, 2012).

Mora

O Concelho de Mora situa-se na extremidade do norte do distrito de Évora. É limitado a norte pelo município de Ponte de Sor, a nordeste por Avis, a leste por Sousel, a sueste por Arraiolos e a oeste por Coruche. Possui uma área de 444 Km2 (IGP, 2012) a que correspondem quatro freguesias: Brotas, Cabeção, Mora e Pavia.

Tendo por base informações dos Censos de 2011, e comparativamente a momentos censitários anteriores, constata-se que o concelho tem vindo a sofrer um decréscimo populacional considerável. Foi o segundo concelho do distrito de Évora a perder mais população desde 2000. Atualmente, a população residente é de 4978 habitantes (menos 810 indivíduos (-14%) que em 2001), situando-se a densidade populacional em 11,2 hab./Km2. Ao analisar os índices resumo da população residente, verifica-se que se trata de uma população duplamente envelhecida, com cerca de 10,1% de jovens (0-14 anos), em contraponto com 33,4% de idosos (65 ou mais anos), criando um índice de dependência total de 77% e um elevado índice de envelhecimento (330%). O concelho de Mora continua a ser o concelho mais envelhecido do total de concelhos do distrito de Évora.

Relativamente ao nível de instrução, refira-se que, no concelho de Mora, em 2011, 26,2% da população não tinha qualquer nível de instrução. Por outro lado, 33,5% da população possuía o 1.º ciclo do ensino básico, 10,7% possuía o 2.º ciclo, 14,4%, o 3.º ciclo, 8,8%, o secundário e 0,6%, o nível pós secundário. No que concerne ao ensino superior, verifica-se que apenas 5,9% atingiu esse nível de instrução. Em suma, o concelho apresenta níveis de escolaridade reduzidos, o que obviamente não deixa de ter reflexos no processo de desenvolvimento.

No plano económico, o setor dos serviços absorve a maioria da população empregada. A agricultura continua a ter uma importância crucial na vida económica do concelho, sobretudo as culturas de regadio: milho e tomate, entre outros. No setor industrial, pode-se destacar a indústria alimentar, a de madeira e a de cortiça.

Quanto à rede escolar, o concelho de Mora é servido por sete estabelecimentos de ensino (seis integrados no Agrupamento de Escolas de Mora, cuja sede é a Escola Básica e Secundária de Mora, e um no setor privado), num total de 545 alunos (34 turmas) (DREAlentejo, 2012).

Mourão

O concelho de Mourão ocupa uma área de 278,6 Km2 (IGP, 2012), subdividida em três freguesias: Mourão, Luz e Granja. É limitado a norte pelo município de Alandroal, a leste pelo rio Guadiana, que faz a fronteira com Espanha (Vila Nueva del Fresno), a sueste por Barrancos, a sul por Moura e a oeste por Reguengos de Monsaraz.

O concelho tem uma população de 2 663 habitantes (INE, 2011), cerca de 1,6% da população residente, refletida na mais baixa densidade populacional (9,6 hab./Km2) do distrito e consequentemente em isolamento social. Por outro lado, Mourão é um caso expressivo de despovoamento do interior alentejano, sendo o concelho do distrito de Évora que, na década de 2001-2011, mais população perdeu (-17,6%). Além disso, apresenta uma estrutura etária duplamente envelhecida, com 15,5% de jovens (0-14 anos) contra os 25,8% de idosos (65 ou mais anos), cujo índice de envelhecimento é de 167%, elevando o índice de dependência total para 70,2%. A população também é caracterizada por um baixo nível de habilitações. Subsistem ainda 26,9% da população sem nenhum nível de instrução; 58,2% têm o ensino básico (29,4% o 1.º ciclo, 13,9% o 2.º ciclo e 14,9% o 3.º ciclo); os restantes 14,8% têm desde o nível secundário ao ensino superior (10,4% têm o secundário, 0,6% o pós-secundário e 3,8% o ensino superior) (INE, 2011). Este facto tem contribuído para o parco desenvolvimento económico e agravamento das condições de vida da população, apesar das potencialidades que supostamente o Alqueva poderia representar para a região.

No plano económico, o concelho revela debilidade, com pouca diversidade e oferta de emprego. Nas atividades económicas, os setores terciário e secundário (agroindústria, agropecuária e indústrias extrativa (granitos, xistos) e alimentar) empregam a maioria da população ativa, embora o setor primário tenha uma grande expressão dado tratar-se de um concelho de características rurais.

Quanto à rede escolar, o concelho é servido por quatro estabelecimentos de ensino que integram o Agrupamento de Escolas de Mourão (a sede, Escola Básica de Mourão, duas escolas básicas do 1.º ciclo do ensino básico e um jardim de infância com cerca de 391 alunos distribuídos por 22 turmas) (DREAlentejo, 2012).

Portel

O concelho de Portel situa-se no coração do Alentejo, ocupando uma área de 601 Km2 (IGP, 2012) repartida por oito freguesias: Alqueva, Amieira, Monte do Trigo, Oriola, Portel, Santana, S. Bartolomeu do Outeiro e Vera Cruz. Faz fronteira com os concelhos de Évora a norte; Reguengos de Monsaraz a este; Moura a sudeste; Vidigueira e Cuba a sul e Viana do Alentejo a oeste.

Conta atualmente com cerca de 6 428 habitantes (INE, 2011), menos 681 habitantes (-9,58%) do que em 2001. A densidade populacional é de 10,7 hab./km2. O envelhecimento populacional é também muito vincado neste concelho, apresentando um índice de envelhecimento de 222%. De facto, a população com 65 e mais anos representa cerca de 27,7% da totalidade dos efetivos, sendo que os jovens têm uma expressão muito reduzida (cerca de 12,5%), criando um índice de dependência total de 67,1%.

No que se refere ao nível de instrução, a população do concelho caracteriza-se por baixos níveis de escolarização. Em termos absolutos, a maioria da população tem o 1.º ciclo do ensino básico (32,3%), seguindo-se o 2.º e 3.º ciclos (13,7% e 13,5%, respetivamente). Os restantes níveis de ensino, sobretudo o ensino superior, têm uma representação bastante diminuta. Com os estudos ao nível do secundário, existem cerca de 10,2% e somente 4,26% da população possui o ensino superior. O problema do analfabetismo também se faz sentir neste concelho, onde cerca de 25,3% da população não tem qualquer nível de instrução (INE, 2011).

Da análise efetuada aos ramos de atividade, denota-se que, a nível deste concelho, a maior parte da população ocupa o setor dos serviços. Em seguida, surge o setor agrícola, que desempenha um papel fundamental na economia do concelho. De salientar no setor secundário as indústrias agroalimentares (enchidos, queijos e panificação).

Na área da educação, o concelho tem sete estabelecimentos de ensino/educação do setor público (o Agrupamento de Escolas de Portel, cuja sede é a Escola Básica D. João de Portel e seis escolas básicas do 1.º ciclo do ensino básico) e dois estabelecimentos do setor privado com um total de 692 alunos distribuídos por 40 turmas (DREAlentejo, 2012).

Redondo

O concelho de Redondo estende-se por uma área de 369,5 Km2 (IGP, 2012) a que correspondem duas freguesias: Montoito e Redondo, únicas vilas do concelho. O município é limitado a norte pelos municípios de Borba e Estremoz, a sul e oeste por Évora, a este por Vila Viçosa e Alandroal e a sueste por Reguengos de Monsaraz.

A população residente, de acordo com os Censos de 2011, apresenta um efetivo total de 7031 habitantes, que se expressa numa densidade populacional de 19 hab./Km2. Tal como em quase toda a região Alentejo, o concelho de Redondo também sofreu quebra de população, embora não tão vincada como noutros concelhos do distrito de Évora. De facto, na década de 2001-2011 a população do concelho diminuiu em cerca de 257 (-3,53%). Da análise da estrutura etária constata-se que se trata de uma população duplamente envelhecida, manifestada nos 12,8% de jovens (0-14 anos), contra os 25,8% de idosos (65 ou mais anos), fixando o índice de envelhecimento numa percentagem de 202% (INE, 2011).

No plano da educação, a distribuição da população nos vários níveis de ensino em 2011 permite constatar que o concelho de Redondo acompanha a tendência da maioria dos concelhos da região Alentejo e consequentemente do distrito de Évora. Na verdade, existe uma significativa proporção de população que não possui qualquer tipo de habilitações literárias (24%). Verifica-se ainda que a maioria da população do concelho é caracterizada por um baixo nível de escolaridade (29,5% no 1.º ciclo, 14,6% no 2.º ciclo e 14,7% no 3.º ciclo do ensino básico). Os restantes 17% distribuem-se pelo ensino secundário (10,5%), pós-secundário (0,84%) e ensino superior (5,73%) (INE, 2011).

O concelho de Redondo caracteriza-se pela sua ruralidade, sendo que a vinha, o olival, o montado e os ovinos, intimamente ligados às atividades agroindustriais, representam muito da sua base económica. Na realidade, a vinha e o vinho representam um dos maiores emblemas do concelho de Redondo. No entanto, subsistem outras atividades, algumas mais antigas, tais como a olaria, ou mais recentes, como o turismo, que assumem um papel importante na economia atual do concelho. No setor secundário são as pequenas oficinas ou empresas de construção civil que predominam. Todavia, este setor é fortemente determinado pela indústria agroalimentar (enchidos, queijo e mel e o vinho). No setor terciário, um dos maiores empregadores é claramente o setor público (autarquia e serviços públicos afetos à administração central do Estado), apesar da forte presença do comércio, restauração e turismo.

A nível de equipamentos de educação, o concelho está dotado de uma rede escolar que abrange desde o pré-escolar até ao ensino secundário num total de quatro estabelecimentos: Escola Básica e Secundária Dr. Hernani Cidade, Escola Básica de Redondo e Escola Básica de Montoito, que fazem parte do Agrupamento de Escolas de Redondo e o Centro Infantil Nossa Senhora da Saúde. No ano letivo de 2011/2012 frequentaram os estabelecimentos de ensino/educação 943 alunos, num total de 46 turmas (DREAlentejo, 2012).

Reguengos de Monsaraz

O concelho de Reguengos de Monsaraz abrange uma área de 464 Km2, e é composto por cinco freguesias e correspondentes aglomerados: Campinho, (S. Marcos do) Campo, (S. Pedro do) Corval, Monsaraz e Reguengos de Monsaraz. É confinado a norte pelos concelhos de Redondo e Alandroal, a este pelo concelho de Mourão, a sul pelos concelhos de Moura e Portel e a oeste pelos concelhos de Évora e parte de Portel. O seu limite a sudeste é constituído, em vasta extensão, pela albufeira de Alqueva.

No momento censitário de 2011, a sua população rondava os 10 828 habitantes, menos 554 indivíduos (-4,87%) do que em 2001. Trata-se igualmente de uma população envelhecida, visível na percentagem de 14,3% de jovens (0-14 anos) e nos 24,2% de idosos, a que corresponde um índice de envelhecimento de 170% (INE, 2011).

No que respeita ao grau de escolarização, o concelho segue a linha de quase todo o distrito. A população caracteriza-se pelos baixos níveis de instrução, persistindo ainda cerca de 1/4 da população sem qualquer instrução (24,8%). Por outro lado, 27,5% da população tem apenas o 1.º ciclo do ensino básico. Quanto ao nível secundário ou superior, apenas 21% atingiu esses níveis (12,3% o secundário, 1% o pós-secundário e 7,7% o nível do ensino superior). Os restantes 26,7% distribuem-se pelo 2.º ciclo (13%) e 3.º ciclo (13,7%) (INE, 2011).

A população ativa distribui-se pelos três setores de atividade, sendo que o setor terciário tem assumido grande significado. O setor dos serviços revela-se em franca expansão no concelho, em detrimento do setor primário, que nas últimas duas décadas sofreu uma queda significativa. A agricultura, contudo, ainda é determinante neste concelho. A atividade industrial liga-se à atividade agrícola na transformação dos seus produtos, sendo a vinicultura a atividade mais importante do concelho, seguindo-se a olivicultura. Ainda relativamente ao setor secundário, existem ainda pequenas indústrias e várias pequenas oficinas de características artesanais. Um bom exemplo é a atividade oleira de S. Pedro do Corval.

A rede escolar do concelho é composta por doze estabelecimentos de ensino/educação: o Agrupamento de Escolas de Reguengos de Monsaraz com sede na Escola Básica n.º 1 de Reguengos de Monsaraz e do qual fazem parte mais sete escolas básicas de 1.º ciclo e duas jardins de infância; a Escola Secundária Conde de Monsaraz e a Santa Casa da Misericórdia. O total de alunos reportado a outubro de 2011 foi de 1 795 divididos por 89 turmas (DREAlentejo, 2012).

Vendas Novas

O concelho de Vendas Novas situa-se a oeste do Alentejo Central, numa zona de transição entre a região Alentejo e do Vale do Tejo. Faz fronteira com os concelhos de Montemor-o-Novo a este, Alcácer do Sal, a sul, Palmela a oeste e pela parte oriental do Montijo, a noroeste. É constituído por duas freguesias: Vendas Novas e Landeira, ocupando uma área de 222,4 Km2 (IGP, 2012) e tem uma população residente de 11 846 habitantes, mais 227 indivíduos do que em 2001 (INE, 2011). Apresenta, por isso, valores bastantes mais positivos do que os registados na maioria dos concelhos alentejanos, nomeadamente uma densidade populacional consideravelmente superior à média no Alentejo que se traduz em 53,3 hab./Km2, contra os 24 hab./Km2 no Alentejo ou 22,6 hab./Km2 no Alentejo Central (INE, 2011).

Relativamente à estrutura etária, o concelho apresenta um índice de dependência total de 64,9 e um índice de envelhecimento de 179%, confirmando o duplo envelhecimento da população. De facto, a população jovem (0-14 anos) situa-se nos 14,1% da população total, enquanto a população idosa (65 ou mais anos) totaliza 25,2%.

A acompanhar as tendências de toda a região em análise, a população residente tem baixos níveis de escolaridade, sendo que 56,1% possui instrução a nível do ensino básico (27,6%, o 1.º ciclo, 12,3%, o 2.º e 16,2%, o 3.º ciclo). A escolaridade obrigatória (12.º ano) ou superior apenas foi atingida por 21,4% (12,5% o secundário, 1,1% o pós-secundário e 7,8% o ensino superior). Por outro lado, 22,6% da população não possui qualquer nível de escolarização (INE, 2011).

Em relação à economia, o setor terciário (serviços) e secundário empregam a maioria da população. No setor secundário têm particular importância na economia do concelho o setor automóvel, as empresas corticeiras e as de moagem/panificação. O setor primário é o que emprega menor volume de mão-de-obra.

No plano da educação, o concelho é servido por uma rede escolar de 15 estabelecimentos de educação (dez do setor público e cinco do setor privado), num total de 1 886 alunos, distribuídos por 991 turmas. No setor público, há a salientar o Agrupamento de Escolas de Vendas Novas, composto por nove estabelecimentos, desde o pré-escolar ao 3.º ciclo, cuja sede é a Escola Básica n.º 1 de Vendas Novas e a Escola Secundária de Vendas Novas. O setor privado integra estabelecimentos do pré-escolar, à exceção do Colégio Laura Vicunha, que tem alunos desde o 1.º ao 3.º ciclo (DREAlentejo, 2012).

Viana do Alentejo

O Concelho de Viana do Alentejo, situado na faixa sul do distrito de Évora, é formado por três freguesias: Viana do Alentejo, Alcáçovas e Aguiar e estende-se por 393,7 Km2. É limitado a norte pelo concelho de Montemor-o-Novo, a este por Évora, a sudoeste por Portel, a sul por Alvito (distrito de Beja) e a oeste por Alcácer do Sal (distrito de Setúbal). Em termos populacionais, este concelho apresenta aproximadamente 5 743 habitantes, a que corresponde uma densidade populacional de 14,6 hab./Km2. Em relação à evolução da população do distrito em análise, Viana do Alentejo foi o concelho que na década de 2001-2011 mais aumentou a sua população (mais 128 efetivos, 2,28%), a par dos concelhos de Évora e Vendas Novas, contrariando as tendências que caracterizam os restantes concelhos do distrito e da região Alentejo. Apesar do aumento populacional, que poderia pressupor o aumento de jovens, o concelho continua a caracterizar-se por uma população envelhecida, com cerca de 14,3% de jovens (0-14 anos) e 25,6% de idosos (65 ou mais anos), criando um índice de envelhecimento de 179% (INE, 2011).

No que concerne ao nível de habilitações, o concelho segue as tendências de quase todo o distrito. Na realidade, subsistem os baixos níveis de qualificações da população, com apenas de 18,7% da população a atingir a escolaridade obrigatória (12.º ano) ou superior (12,1% o secundário, 0,7% o pós-secundário e 5,97% o ensino superior). Os restantes 81,3% distribuem-se por: 26,2% sem qualquer escolarização e 55,2% no ensino básico (26,1%, tem o 1.º ciclo; 13,7%, o 2.º ciclo e 15,4%, o 3.º ciclo) (INE, 2011).

Ao nível das atividades económicas, tendo em conta a população ativa nos vários setores de atividade, destaca-se o setor terciário com especial relevo para o comércio, alojamento e restauração. A importância do setor primário está ligada principalmente ao cultivo de cereais, às áreas de olival, montado e às explorações pecuárias. Em relação ao setor secundário, destaca-se a indústria transformadora. O artesanato da região também tem alguma importância no que concerne à olaria e os tradicionais chocalhos, nomeadamente de Alcáçovas.

Da rede escolar fazem parte sete estabelecimentos de ensino/educação (seis do setor público e um do setor privado) para 826 alunos num total de 45 turmas: o Agrupamento de Escolas de Viana do Alentejo e do qual fazem parte a Escola Básica e Secundária Dr. Isidoro de Sousa, sede do agrupamento, duas escolas básicas de 1.º ciclo do ensino básico e dois jardins de infância; a Escola Básica de Alcáçovas e o Centro Imaculado Coração de Maria do setor privado (DREAlentejo 2012).

Vila Viçosa

O concelho de Vila Viçosa situa-se, à semelhança de outros concelhos, na denominada "Zona dos Mármores". É delimitado a norte pelos concelhos de Borba e Elvas; a este pelo concelho de Elvas; a sul pelo concelho de Alandroal e a oeste pelo concelho de Redondo. Ocupa uma área de 194,9 Km2 (IGP, 2012) com 8 319 habitantes (menos 552 efetivos,

-6,22%, do que em 2001) (INE, 2011), distribuídos por cinco freguesias, sendo duas urbanas (Conceição e S. Bartolomeu) e três rurais (Bencatel, Pardais e Ciladas - S. Romão). Tem uma densidade populacional de 42,7 hab./km2, embora a maior parte da população resida na sede de concelho, que constitui o principal aglomerado urbano. Em termos populacionais, este concelho regista igualmente envelhecimento populacional, com uma representação de 12,75% de jovens (0-14 anos), contra 23,5% de idosos (65 ou mais anos), a que corresponde um índice de envelhecimento de 184 e um índice de dependência total de 56,9%, um dos mais baixos da região a seguir à capital de distrito.

No que concerne ao nível de instrução, a tendência é igualmente a da maioria do distrito. A população distribui-se do seguinte modo, no que se refere ao nível de ensino frequentado: 27,4% têm o 1.º ciclo; o 2.º ciclo foi frequentado por 14,1%; 14,8% da população possui o 3.º ciclo; 13,5%, o secundário; 1%, o nível pós-secundário; 7,5%, o ensino superior. Os restantes 21,7% da população não têm qualquer nível de instrução.

A economia do concelho de Vila Viçosa assenta essencialmente na indústria de extração e transformação de mármore. Contudo, o setor terciário tem vindo a ganhar importância, sendo o maior empregador. O setor primário tem sofrido grandes alterações, destacando-se a produção de cereais, azeite, árvores de fruto e extração de cortiça e também a atividade agropecuária.

A rede escolar do concelho corresponde a 11 estabelecimentos de educação: a Escola Secundária Públia Hortênsia de Castro, o Agrupamento de Escolas de Vila Viçosa que integra a escola sede, Escola Básica D. João IV, quatro escolas básicas e quatro jardins de infância e do setor privado a Santa casa da Misericórdia que integra ensino pré-escolar, num total de 1 447 alunos correspondentes a 72 turmas (DREAlentejo, 2012).

CAPÍTULO II

ASPETOS TEÓRICOS DA COMUNICAÇÃO VERBAL

1. Comunicação, linguagem e língua

1.1. Breves considerações sobre comunicação

É com a pergunta "O que é a comunicação?" que Fiske (2004: 13) abre o seu livro *Introdução ao estudo da comunicação* (2004), para mostrar que, por um lado, qualquer definição deste conceito ou atividade humana é insatisfatória e, por outro, que as respostas mais evidentes – comunicação é falarmos, é divulgar informação, é a televisão, é o nosso penteado (Fiske, 2014: 13) – remeterão sempre para o significado etimológico da palavra. "Comunicar" provém do lat. *communicare*, "pôr em comum", "transmitir, transferir" (Machado, 1977; Houaiss, 2001), o que significa tratar-se de um conceito sistémico que envolve todas as vertentes da atividade humana em que ocorra transferência de informação. Portanto, a comunicação é um fenómeno inerente aos seres humanos enquanto seres sociais, que o mesmo é dizer que "mediatiza todas as relações humanas" (Wilden, 2001: 108) e contribui para o seu desenvolvimento. Assim, "todas as formas de comportamento biológico e socioeconómico são em primeiro lugar formas de comunicação" (Wilden, 2001:128), donde se possa concluir que todas as experiências vividas pelos indivíduos em sociedade constituem formas constantes de comunicação.

Esta é uma perspetiva talvez mais virada para a vertente semiótica de cariz sociológico, segundo a qual a comunicação é uma transmissão de mensagens, e que se sintetizaria dizendo que: a comunicação tem tido um papel fundamental ao longo da evolução humana; possibilita as relações sociais; desencadeia a interatividade entre os indivíduos através de mensagens. Como ser social que é, o homem desde sempre sentiu necessidade de comunicar de diversas formas. Vivendo em sociedade, a comunicação torna-se imperativa, porque assegura troca de ideias, de experiências vividas e, por conseguinte, garante a evolução. Sendo assim, o nível de progresso nas sociedades humanas pode ser atribuído, com razoável margem de segurança, à maior ou menor intensidade, variedade e riqueza das comunicações humanas.

Além desta visão, interessa no caso uma conceção da comunicação assente na produção e troca de significados, ou na significação (lexical e gramatical) e na estrutura interna da mensagem, e que tem por base a presença de um canal que viabiliza a troca de mensagens entre emissor e recetor. Jakobson definiu os elementos constitutivos deste ato de comunicação já na década de 60 e na mesma época, partindo do princípio de que o instrumento principal da comunicação é a língua, associou a teoria matemática da comunicação à linguística (Jakobson, 1969: 76): "O engenheiro admite um 'sistema de classificação' de possibilidades pré-fabricadas mais ou menos comuns entre o emissor e o receptor de uma mensagem verbal, e, do mesmo modo, a lingüística saussuriana fala da *langue*, que possibilita uma troca de *parole* entre os interlocutores".

A este nível linguístico é na comunicação, segundo Martinet (1991: 14), "que temos de reconhecer a função central do instrumento que é a língua". Quer isto dizer, como adiante será especificado, que para além das outras funções que se reconhecem na língua – as conhecidas funções expressivas, poética, fática –, a de instrumento de comunicação cobre todos os usos e utilizações que se fazem da língua. Não há nenhuma característica linguística que não se manifeste nos usos comunicativos, asserção que, porém, não é pacífica: "o que é que se entende por 'comunicação' sem auditório, ou com um auditório que não dá resposta, ou que não tem intenção de trazer informação, ou de modificar qualquer crença, ou atitude?" (Chomsky, 1984: 19). Em conformidade com esta visão, a intenção comunicativa implicaria um destinatário ativo, do qual se obtivesse uma resposta e a partir do qual atitudes ou crenças, isto é, experiências, fossem modificadas.

1.2. Linguagem, língua e a fala

Do ponto de vista linguístico, as noções de linguagem e língua não se confundem, como se sabe: "A primeira é multiforme e heteróclita, funcionando em vários campos, ela é ao mesmo tempo física e psíquica, individual e social; não pertence a nenhuma categoria específica dos factos humanos e não pode ser objecto de uma única disciplina" (Lepschy,

1984: 72); por sua vez, "a língua, que constitui uma parte da linguagem, é susceptível de uma definição autónoma, e deve constituir o objecto integral e concreto, da linguística" (Lepschy, 1984: 72).

A linguagem, objeto da linguística, "só existe na forma de línguas diversas" (Martinet, 1991: 33), sendo que "língua" para o mesmo autor é (Martinet, 1991: 24):

> (...) um instrumento de comunicação segundo o qual, de modo variável, de comunidade para comunidade, se analisa a experiência humana em unidades providas de conteúdo semântico e de expressão fónica – os monemas; esta expressão fónica articula-se por sua vez em unidades distintas e sucessivas – os fonemas –, de número fixo em cada língua e cuja natureza e relações mútuas também diferem de língua para língua.

Não é possível falar nestes conceitos, sem invocar Saussure (1972: 31-33), para o qual a língua é "un système de signes exprimant des idées" – um conjunto de unidades que se relacionam organizadamente dentro de um todo. É "la partie sociale du langage, extérieure à l'individu", não pode ser modificada pelo falante e obedecendo às leis do contrato social estabelecido pelos membros da comunidade. Na perspetiva de Ducrot e Todorov (1991: 152), "a língua é uma pura passividade. A sua posse põe em jogo (...) as faculdades recetivas do espírito, e antes de tudo a memória. Correlativamente, qualquer atividade ligada à linguagem pertence à fala", que para Saussure (1972: 437) e Lepschy (1984: 72) constitui a "la partie individuelle du langage", que ocorre entre, pelo menos, dois indivíduos. A língua, como já foi referido, representará o ato social, pois "não está completa em nenhum indivíduo, mas só existe perfeitamente na massa" (Lepschy, 1984: 72):

> Enquanto a fala é um acto individual da vontade e inteligência – em que distinguimos 1) as combinações com que o indivíduo usa o código, e 2) o mecanismo psicofísico de exteriorização –, a língua, que é registada passivamente e não é uma função do sujeito falante, localiza-se no ponto do circuito da comunicação em que uma imagem auditiva se associa a um conceito – ambas entidades psíquicas, cuja união produz algo de natureza homogénea, não menos concreto que a fala.

Verifica-se assim que os conceitos de língua e a fala fazem parte da contextualização linguística do ser humano no âmbito social e não podem ser dissociados, uma vez que

> (…) la langue est nécessaire pour que la parole soit intelligible et produise tous ses effets ; mais celle-ci est nécessaire pour que la langue s'établisse (...) c'est la parole qui fait évoluer la langue : ce sont les impressions reçues en entendant les autres qui modifient nos habitudes linguistiques. Il y a donc interdépendance de la langue et de la parole ; celle-là est à la fois l'instrument et le produit de celle-ci. Mais tout cela ne les empêche pas d'être deux choses absolument distinctes (Saussure, 1972 : 37-38).

Em suma, verifica-se que a língua, usada diferentemente, em função de determinada competência linguística, é um

> (…) conjunto de elementos convencionais que permite o exercício da faculdade de linguagem. É definida como uma entidade social pertencente a uma comunidade e assenta num sistema de signos com normas e convenções próprias ao dispor de todos os elementos dessa sociedade (Nunes, Oliveira e Sardinha, s/d: 5).

A fala será assim "a utilização pessoal da língua. É a variante individual, instável e pontual, dependente da intenção comunicativa" (Nunes, Oliveira e Sardinha, s/d: 5). Por sua vez o discurso inclui "o conjunto de realizações possíveis na utilização da linguagem e na maneira como os utentes aplicam as normas linguísticas (Nunes, Oliveira e Sardinha, s/d: 5). Por outras palavras, o discurso poderá ser, segundo Gomes e Moreira (1997: 32), "um encadeamento estruturado de signos intencional, coerente e significativo", que poderá adquirir várias funções. Como atrás se dizia:

> Através dele podemos exteriorizar sentimentos, desejos e opiniões (função expressiva), dar contornos mais definidos ao real, conhecê-lo e manifestar esse conhecimento (função cognitiva), partilhá-lo com outros seres humanos (função comunicativa) e, ainda, exercer o nosso poder levando outras pessoas a agir segundo a nossa vontade (função apelativa) (Nunes, Oliveira e Sardinha, s/d: 5).

Além destas funções, também há a referir a função emotiva, centrada no emissor, que exprime diretamente uma emoção visando refletir-se naquele a quem se dirige; e a função poética, que é centrada na mensagem e resulta da seleção e combinação de signos, nas relações entre significante e significado, que põem em evidência o valor estético da mensagem (Nunes e Oliveira e Sardinha, s/d: 10-13). Pelo exposto, podemos então dizer que a linguagem é um dos maiores atributos do Homem, que o distingue das demais espécies, sendo que a função comunicativa parece ser a essencial da linguagem e também aquela que confere sentido à capacidade humana da fala. Segundo Costa, Costa e Gonçalves (2017: 409):

> Uma das grandes conquistas genéticas do ser humano foi a linguagem. É esta faculdade mental inata, exclusiva da espécie humana, que permite a qualquer indivíduo adquirir, de forma espontânea (isto é, sem aprendizagem formal), a língua a que está exposto desde o nascimento e que virá a ser a sua língua materna.

Entre as várias formas de linguagem, que O. Ducrot e T. Todorov caracterizam (1991: 131-133), a verbal (oral ou escrita) é com certeza a que melhor permite distinguir a espécie humana, dado que possibilita o desenvolvimento do Homem enquanto ser individual e social: a "linguagem verbal constitui (...) a propriedade que distingue a espécie humana dos restantes animais" (Faria, 1996: 12). Através da comunicação verbal, nomeadamente da palavra falada ou escrita, o Homem consegue expor aos outros as suas ideias e pensamentos.

Segundo Ferdinand de Saussure (1972: 97), a palavra ou o que designa por "signo linguístico" é uma entidade psíquica de duas faces: o conceito e a imagem acústica, isto é, um significado (que designa o conteúdo semântico) e um significante (que designa a imagem acústica ou gráfica). Esta relação significante/significado é arbitrária – recorde-se a multiplicidade de termos que existem para significar uma mesma realidade nas diferentes línguas existentes – e convencional, razão por que é objeto de aprendizagem formal. Tal como referem Spinelli e Ferrand (2009: 16), "toda a pessoa que fala uma língua, qualquer que ela seja, memorizou a associação entre a forma e a significação no decurso do seu desenvolvimento". É graças a esta memorização que o Homem consegue transmitir conceitos e comunicar: "A aquisição dos signos linguísticos é, pois, uma condição prévia primordial da linguagem" (Spinelli e Ferrand, 2009: 17). Considera-se, ainda, que a palavra é a unidade linguística de base da linguagem escrita e falada, que possui uma determinada forma física, combinando letras ou de fonemas segundo determinadas regras. O domínio da definição de "palavra" é controverso (Spinelli e Ferrand, 2009: 30-31):

> Segundo uma primeira definição, uma palavra é um objecto linguístico que pode ser construído com elementos segundo as regras da morfologia, mas que corresponde à mais pequena unidade indivisível (...), [e] à ideia intuitiva

que temos de palavra: uma sequência sonora ou gráfica que, quando escrita, corresponde a uma sequência de letras marginada por espaços ou sinais de pontuação. (...) De acordo com a segunda definição, uma palavra corresponde a uma entidade aprendida de cor. Trata-se de uma sequência arbitrariamente associada a uma significação particular (no sentido saussuriano).

O Homem é o único animal que fala (conversa, discursa) e "fala num código que elabora novos significados e que é estruturado segundo regras" (Gomes e Moreira, 1997: 31). Na verdade, durante o processo de aquisição da linguagem o ser humano aprende gradualmente a falar com base na sua faculdade inata para a linguagem verbal, a partir da comunidade onde está inserido e do seu desenvolvimento neurológico, intelectual e afetivo. Conhecer o sistema da língua é conhecer a sua gramática, isto é, "sons básicos, palavras e regras de formação, pronúncia e interpretação de frases" (Fromkin e Rodman, 1993: 30). Noutra formulação, mas não muito distante do próprio conceito de comunicação verbal, diríamos que "(...) a forma natural da interacção verbal entre os humanos baseia-se na utilização de expressões complexas (como as **frases**), obtidas pela combinação de palavras de diferentes categorias" (Eliseu, 2008: 20).

1.3. Comunicação verbal e não verbal

A primeira manifestação da comunicação humana iniciou-se quando o homem utilizou os gestos e a voz para se expressar. Ao usar uma língua, pôde exteriorizar as suas necessidades, as suas ideias, os seus desejos, os seus conhecimentos através da comunicação interpessoal, utilizando para isso a fala. A linguagem oral surge, então, da necessidade de o homem verbalizar os seus pensamentos e de interagir com os outros membros da comunidade. A pouco e pouco, fruto da sua habilidade manual e intelectual, o homem desenvolveu a capacidade de produzir representações icónicas e criou a escrita, sistema capaz de exprimir graficamente a linguagem acelerando todo o processo de construção de uma cultura. Por esta razão, "a linguagem é primeiramente oral, sendo a escrita, enquanto representação do oral, um sistema secundário" (Sim-Sim, Duarte e Ferraz, 1997: 24).

A comunicação envolve assim a linguagem verbal (oral e escrita), a linguagem não verbal e/ou uma linguagem mista / "para-verbal". Considera-se linguagem verbal aquela que se vale da língua, das palavras, sejam elas faladas ou escritas. A palavra (linguagem verbal) constituirá assim, a forma mais simples e rigorosa de comunicação humana, "constituindo-se [linguagem verbal] o seu grande vínculo congregador" (Fonseca e Fonseca, 1990: 93). No processo comunicativo utiliza-se a linguagem verbal quando se usa a palavra, que ocorre na modalidade escrita, através das mais diversas formas, como os livros, os cartazes, as cartas e toda a imprensa escrita, ou na modalidade oral, presente no diálogo, na televisão, rádio, telefone, etc. Neste contexto, poderemos dizer que as práticas de comunicação verbal operam no domínio das competências da oralidade, da escrita e da leitura e são sistematizadas de forma transversal a estas competências através do CEL, "que permite o controlo das regras e a selecção dos procedimentos mais adequados à compreensão e à expressão, em cada situação comunicativa" (Reis *et al.*, 2009: 15-16).

A linguagem não verbal é aquela que utiliza qualquer código que não seja a palavra, nomeadamente códigos visuais (imagens, símbolos, sinais luminosos...), códigos gestuais, (mímica, dança, linguagem gestual dos surdos...) e códigos auditivos (música, sirenes das ambulâncias, toque de campainhas...).

Por outro lado, a linguagem mista combina as anteriores com desenhos, mímica, sinais luminosos, entre outros elementos, aos quais é atribuída uma significação. Trata-se, noutra formulação, de uma componente para-verbal, usada para para auxiliar a interpretação da linguagem verbal. De salientar que, além destes tipos de linguagem, há outros que permitem o intercâmbio de informação, como é o caso das imagens simbólicas (simbologia das cores ou dos objetos) e digitais (telecomunicações) (Nunes e Oliveira e Sardinha, s/d: 4).

Verifica-se, assim, que a linguagem é mais do que a língua falada e escrita; engloba toda e qualquer forma de comunicar, sejam olhares, expressões, gestos, posturas (comunicação cinésica), tons de voz (comunicação paralinguística) e até a gestão do próprio espaço (comunicação proxémica) (Santos, 2011: 55-61). Embora na sociedade atual o uso da linguagem verbal seja o meio de comunicação por excelência, pois permite transmitir de forma sistemática uma quantidade inesgotável de mensagens, a linguagem não verbal é de igual importância, funcionando como suporte e complemento daquela, uma vez que permite o conhecimento real da mensagem recebida. Igualmente, a linguagem verbal é promotora da comunicação interpessoal, facilitando ou não a sua ocorrência, por um lado, ou evitando as ruturas e a existência de bloqueios comunicacionais, por outro.

Sendo assim, a comunicação não verbal complementa a comunicação verbal, possibilitando uma melhor interpretação das mensagens verbais. O som e o timbre de voz, o modo como se pronunciam as palavras, os gestos e a postura conferem determinadas e diferentes significações à comunicação não verbal e um maior conhecimento do valor e da importância das mensagens para todos os intervenientes no processo comunicativo.

2. Práticas de comunicação verbal: competências específicas

O ensino da língua portuguesa reveste-se de particular importância na formação de base dos falantes, uma vez que é através da língua materna que cada um estrutura a sua individualidade, o seu pensamento, a sua forma de agir, ao mesmo tempo que o faz sentir como parte integrante de uma comunidade. Por sua vez, o desenvolvimento linguístico processa-se através do meio em que o indivíduo está inserido, das suas vivências linguísticas, que ocorrem nos vários contextos de socialização, pelo que o adequado domínio da língua é um fator essencial da sua formação, enquanto membro da comunidade.

Por este facto, convém realçar a relevância que a disciplina de Língua Portuguesa/Português possui no currículo oficial, como fator de suporte e integração, contribuindo desta forma para melhores níveis de literacia do aluno, que se pretende capacitado e socialmente inserido numa sociedade em constante mutação e alimentada por um fluxo de informação, nomeadamente escrita, "que distingue os seus membros pelos seus níveis de acesso a esta, bem como de capacidade de uso dessa mesma informação" (Martins e Sá, 2008: 235). Para isto é fundamental que os alunos desenvolvam as competências relacionadas com a fala e a escrita na escola com vista a um melhor sucesso escolar e profissional. Ao entrar na escola e sujeito ao ensino formal, o aluno não só aperfeiçoa o domínio da oralidade, como desenvolve os restantes domínios. Isto é, aprende a reconhecer a informação linguística – compreensão oral e de leitura –, a produzi-la – expressão oral e escrita – e a atualizar o conhecimento intuitivo da língua através do conhecimento explícito (Sim-Sim, Duarte e Ferraz, 1997: 25).

O desenvolvimento destas competências passa pela utilização da Língua Portuguesa, enquanto disciplina curricular, não só como veículo de transmissão de conhecimentos e desenvolvimento de competências, mas também "como uma disciplina universal, transdisciplinar, de discurso transversal a todas as áreas curriculares, disciplinares e não disciplinares" (Bartolomeu e Sá, 2008: 16), uma vez que contribui para a aquisição de saberes instrumentais indispensáveis à aquisição de outros saberes relacionados com a aprendizagem global. Recorrendo-se a palavras de Maria José Ferraz (2007: 20), a aprendizagem da língua materna "desencadeia processos cognitivos; / facilita a aprendizagem de línguas estrangeiras; / propicia o autoconhecimento; / alarga o conhecimento do mundo; / facilita o relacionamento com os outros; / permite o acesso à informação, à cultura; / possibilita o sucesso social e no trabalho...".

Tendo por base uma perspetiva histórica, Rui Castro e Maria de Lourdes Sousa (1999: 43-44) referem que a transversalidade da Língua Portuguesa está presente nas várias tentativas de reforma operadas no sistema educativo português, sobretudo a partir de 1986. A Lei de Bases do Sistema Educativo (Lei n.º46/86 de 14 de outubro, art.º 47º, 7), assim como o Decreto-Lei n.º 286/89 de 29 de agosto consideram todos os espaços curriculares como um "lugar de desenvolvimento sistemático e orientado de competências no domínio da língua materna", definindo-a como uma "formação transdisciplinar". Referem ainda que a valorização do ensino da Língua Portuguesa é visível "na percentagem de unidades de tempo que lhe estão reservadas nos planos de estudo, na sua presença obrigatória ao longo do currículo e na sua conceção como disciplina integradora, passível de atravessar transversalmente entre conteúdos disciplinares" (Castro e Sousa, 1999: 10).

As competências específicas definidas para a disciplina de Língua Portuguesa, no âmbito do Currículo Nacional do Ensino Básico (Ministério da Educação, 2001), presentemente revogado, seguem também as propostas do final das décadas de 80 e 90 do século passado, salientando que a meta é desenvolver nos jovens um conhecimento da língua que lhes permita atingir competências essenciais para a sua evolução no processo de ensino/aprendizagem e para a sua futura integração socioprofissional. A importância destas competências é ainda sublinhada por Inês Sim-Sim, Inês Duarte e Maria José Ferraz, quando afirmam que o ensino/aprendizagem da Língua Portuguesa, durante a educação básica, deve promover o desenvolvimento de cinco competências nucleares: Compreensão do Oral, Leitura, Expressão Oral, Expressão Escrita e Conhecimento Explícito. Segundo as autoras (1997: 33), estas competências devem ser desenvolvidas não só na área curricular de Língua Portuguesa, mas também em outras áreas curriculares, disciplinares e não disciplinares, pois são fulcrais para a formação científica, social e pessoal do aluno e dão "<u>a todas as crianças e jovens que a frequentam</u> [a escola] <u>idênticas oportunidades de desenvolverem as suas capacidades</u>".

No que se refere às últimas reformas curriculares, nomeadamente as estipuladas no Decreto-Lei n.º 94/2011 de 3 de agosto e reafirmadas no Decreto-Lei n.º 139/2012 de 5 de julho, também é visível a valorização do ensino/aprendizagem da Língua Portuguesa, assumida como "conhecimento estruturante" no currículo do ensino básico e secundário. Esta valorização é concretizada no reforço da carga horária na disciplina de Língua Portuguesa/Português e nas orientações programáticas dos novos PPEB, (Reis *et al.*, 2009). Neste documento também é visível esta tendência, logo a começar na organização programática do 1.º ciclo ao assumir-se o carácter transversal do Português como "um saber fundador, que valida as aprendizagens em todas as áreas curriculares e contribui de um modo decisivo para o sucesso escolar dos alunos" (Reis *et al.*, 2009: 21).

Pelo exposto, verifica-se que a Língua Portuguesa ajuda a reforçar e a completar o desenvolvimento das competências gerais de transversalidade disciplinar e não disciplinar ao operacionalizar-se nos seus vários domínios: oralidade, escrita, leitura e conhecimento explícito da língua, pois ela

> (...) é o instrumento de aprendizagem em todo o currículo (ou seja, é veículo de comunicação entre professores e alunos e um espaço privilegiado para o desenvolvimento das competências cognitivas, linguísticas e comunicativas dos alunos) (Bartolomeu e Sá, 2008: 17).

2.1. Oralidade: compreensão oral e expressão oral

Colocados perante o paradigma da definição de comunicação oral, o senso comum leva-nos para a noção de algo que se transmite de viva voz, por antítese ao que é escrito. De facto, a comunicação oral é uma prática social realizada através de sons emitidos pelo aparelho fonador a fala. Pressupõe um reconhecimento e/ou produção de ideias, conforme se esteja no domínio da compreensão oral (reconhecimento) ou no da expressão oral (produção).

A compreensão oral, a par da expressão oral, é apresentada nos novos PPEB como uma competência específica implicada nas atividades linguísticas que se processam de modo oral, sendo que a *compreensão oral* é definida como "a capacidade para atribuir significado a discursos orais em diferentes variedades do português" (...) [envolvendo] recepção e a descodificação da mensagem por acesso a conhecimento organizado na memória" (Reis *et al.*, 2009: 16). Embora a compreensão oral e a expressão oral estejam intimamente relacionadas, a compreensão oral é de extrema importância, na medida em que a "capacidade de comunicar [se] adquire porque primeiro se ouve e se escuta" (Ferraz, 2007: 29). De facto, a criança ouve/compreende e só depois é que fala, pelo que é de todo conveniente verificar qual a mestria linguística da criança à entrada da escola, pois uma deficiente compreensão oral implica perda de informação e afeta a produção da mesma, constituindo tal facto, muitas vezes, causa de insucesso escolar. A criança pode não possuir um vocabulário muito extenso e diversificado, nem ter sido exposta a discursos com certo grau de formalidade e complexidade que elevem o seu nível de compreensão oral. Assim, após constatação desta situação, competirá à escola:

> (...) ensinar os alunos a saber ouvir – i.e., a prestar atenção ao interlocutor – a identificar com clareza o essencial da mensagem, a apreender o fio condutor de uma exposição, a identificar os pontos críticos de um argumento e a participar de forma apropriada e eficaz numa discussão de grupo (Sim-Sim, Duarte e Ferraz, 1997: 27).

Do mesmo modo, a exposição dos alunos a diferentes tipos de discursos orais, de complexidade e formalidade crescentes, contribuirá para o alcance do nível de mestria requerido por esta competência.

Por outro lado, a expressão oral é apresentada como a

> (...) capacidade de produzir sequências fónicas dotadas de significado e conformes à gramática de uma língua (...). Esta capacidade envolve o planeamento do que se pretende dizer, a formatação linguística do enunciado e a execução articulatória do mesmo (Sim-Sim, Duarte e Ferraz, 1997: 28).

Ao entrar na escola, a criança já domina um saber linguístico adquirido de forma natural e espontânea, o que lhe permite participar numa conversação também espontânea, onde o conhecimento dos papéis dos interlocutores e a cooperação entre eles é um dado apreendido. Por conseguinte, a escola deverá

> (...) proporcionar aprendizagens conducentes a uma expressão fluente e adequada nos géneros formais e públicos, que se caracterize por um vocabulário preciso e diversificado e por uma progressiva complexidade sintáctica. O aluno deve, por isso, ser preparado para se exprimir em Português padrão nas situações que o exigem: para pedir e dar informações em contexto formal, para defender

um ponto de vista, para participar construtivamente num debate, para estruturar uma exposição, para planear colectivamente actividades a realizar (Sim-Sim, Duarte e Ferraz, 1997: 29).

O caminho que vai da comunicação espontânea ao uso das formas do oral adequadas à diversidade de situações é longo. Tal como refere Maria José Ferraz (2007: 30):

> Para que os alunos sejam claros no seu modo de expressão (correcta articulação dos sons e uso de um registo de voz adequado), para que progressivamente utilizem um vocabulário rigoroso e diversificado ou se sirvam de estruturas gramaticais complexas, e ainda para que saibam argumentar ou seleccionar estratégias para a [sic] planificar um texto a produzir, será necessário tempo para um ensino que permita uma aprendizagem consistente.

Verifica-se, pelo exposto, que a oralidade na escola e muito concretamente na aula de Língua Portuguesa é fundamental, constituindo uma condição necessária para a aquisição e aperfeiçoamento de competências linguísticas. Nos PPEB é destacada esta importância ao assumir-se igual relevo para o desenvolvimento das competências do modo oral e do modo escrito. Embora a competência oral tenha sido introduzida paulatinamente nos vários programas, é um facto que a oralidade em contexto de sala de aula é, por vezes, abordada de forma superficial, ou seja, sem objetivos específicos, nem a preocupação de um ensino estruturado, principalmente no que concerne ao seu uso em contextos formais e planeados. Os próprios manuais escolares de Língua Portuguesa nem sempre atribuíam grande espaço e atenção à matéria, no sentido do seu desenvolvimento mais do espontâneo. Ora, nos seus princípios estruturantes, os PPEB realçam a necessidade de desenvolver esta competência específica, pelo que propõem atividades para trabalhar o oral na sala de aula em contextos variados, onde os alunos tomem a palavra, de forma a adquirirem competências comunicativas. Entre as evidências que justificam o interesse crescente no treino específico das competências orais, os autores do guião para a implementação dos PPEB destacam os seguintes aspetos (Silva, Bastos, Duarte e Veloso, 2011: 8):

> A realização oral das línguas é a verdadeira essência/natureza das línguas: só uma parte diminuta das línguas faladas do Mundo tem representação escrita (...); todas as línguas foram faladas muito antes de serem escritas (...);

> (...) o uso da dimensão oral está sujeito, tal como o da escrita, a condições de formalidade e planeamento equiparáveis ao uso escrito. (...) É do bom uso do oral que resulta, ou pelo menos depende, o sucesso do orador (...);
>
> (...) o uso de certas marcas linguísticas nas produções orais exerce influência na percepção social dos falantes: as marcas dialetais presentes no discurso de um falante são, juntamente com outras marcas linguísticas, objecto de atenção e avaliação, por vezes inconsciente, dos seus interlocutores.

Os mesmos autores (Silva, Bastos, Duarte e Veloso, 2011: 9) destacam ainda o facto de a exploração da dimensão oral trazer melhorias a outros níveis do desenvolvimento de uma consciência explícita da língua, das suas estruturas e das suas propriedades:

> O trabalho estruturado da expressão oral permitirá ainda, a nosso ver, que se abordem e/ou aprofundem outras questões e dimensões da prática linguística dos falantes, igualmente contempladas nos programas escolares, tais como: - adequação pragmática do discurso; - consciência da variação dialetal e socioletal; - treino de competências sociais; - treino de práticas argumentativas e de técnicas básicas do uso profissional da língua.

2.2. Leitura

Os programas de Português assumem a leitura como uma competência específica a desenvolver com objetivos próprios, "valorizando a competência leitora, a capacidade de compreender, de atribuir sentido àquilo que lê, e ainda a necessidade de contactar com obras completas de autores nacionais e estrangeiros, sugerindo uma progressiva autonomia" (Sousa, 1999: 508). Os PPEB abordam esta competência "como um processo interactivo que se estabelece entre o leitor e o texto, em que o primeiro apreende e reconstrói o significado ou os significados do segundo" (Reis *et al.*, 2009: 16). Esta reconstrução implica identificar as relações entre signos gráficos e textos/palavras orais, entre grafemas e fonemas, entre palavras e a sua estrutura fonética; implica, afinal, o desenvolvimento de uma consciência fonológica (Freitas, Alves, Costa, 2007). A chave para o sucesso deste desenvolvimento "está na mão dos professores" (Silva, 2005: 55), que o mesmo é dizer, na escola.

Na realidade, a leitura pressupõe uma compreensão que irá resultar da interação do leitor/aluno com o texto, bem como com o seu contexto, o que lhe irá permitir melhorar a capacidade de leitura, descodificando e atribuindo significado às palavras que lê de modo a obter informações, por um lado, e organizar o conhecimento, por outro. Não sendo um processo de aquisição natural e espontânea, a leitura exige um ensino formal muito para além da decifração de sequências grafemáticas. Por este facto, as intenções ou motivações subjacentes ao ato de ler são importantes, uma vez que "porquê" ou "para quê" determinam o processo de leitura. Tal como referem Silva, Bastos, Duarte e Veloso (2009: 8) "em contexto escolar de sala de aula, a orientação ou a finalidade dada à leitura vai naturalmente determinar e configurar as experiências de leitura e vai também conduzir o aluno a construir perspetivas sobre o que é o ato de ler". Duarte (2006: 36) já evidenciou que a leitura de um texto "*sem propósitos específicos*" difere da que tem em vista a aprendizagem, sendo a primeira mais automatizada ao nível da micro- e macro-estrutura textuais, enquanto a segunda exige "momentos de releitura", "recurso a estratégias de retenção da informação", "realização constante de inferências que permitam integrar a informação nova no conhecimento prévio do leitor".

Na verdade, a leitura aperfeiçoa-se e aprofunda-se através da pluralidade das experiências e atividades de leitura, pelo que será impreterível que os alunos se encontrem motivados para a leitura, e que as atividades propostas sejam orientadas para uma finalidade, isto é, que tenham objetivos claros e precisos, e que constituam desafios de aprendizagem (Silva, Bastos, Duarte e Veloso, 2009: 8). O treino é fundamental, pois o contacto continuado com os textos favorece o desenvolvimento de capacidades intelectuais, o alargamento do horizonte cultural, e a constituição da identidade pessoal e social do aluno ao ajudar a consolidar uma memória cultural (Silva, Bastos, Duarte e Veloso, 2009: 12-13). Por outro lado, importa preparar o aluno para a leitura crítica de textos, ou seja, proporcionar-lhe situações que permitam compreender o texto e as intenções a ele subjacentes, uma vez que só a conjugação destes fatores permite a formação de leitores competentes (Silva, Bastos, Duarte e Veloso, 2009: 11-12).

O percurso da aprendizagem da leitura deve culminar na fluência, o que implica rapidez de decifração, precisão e eficiência na extração do significado do material lido. A respetiva mestria permitirá o aumento do potencial comunicativo, na medida em que um bom leitor terá mais facilidade nas outras aprendizagens escolares, pois a leitura é a grande facilitadora das aprendizagens escolares e do desenvolvimento cognitivo. Logo, é função da escola "fazer de cada aluno um leitor fluente e crítico, capaz de usar a leitura para obter informação, organizar o conhecimento e usufruir o prazer recreativo que a mesma pode proporcionar" (Sim-Sim, Duarte e Ferraz, 1997: 28).

Cientes das dificuldades dos alunos quanto ao ensino e à aprendizagem da leitura, evidenciadas em estudos internacionais sobre a literacia de leitura (PISA, 2000, 2003, 2009) e em estudos preparatórios à elaboração do Programa de Português (DGIDC, 2008), os autores dos PPEB insistem no assunto

> (...) através da ênfase colocada nas competências de leitura a desenvolver e nas orientações de gestão, que sublinham a importância de experiências de aprendizagem significativas e desafiadoras, que possibilitem a progressão dos alunos para patamares sucessivos em termos de maior complexidade e eficácia leitora (Silva, Bastos, Duarte e Veloso, 2009: 4).

No âmbito da leitura, os PPEB apontam ainda para a utilização de diversos textos e suportes de escrita, incluindo os facultados pelas novas tecnologias, realçando a importância dos textos literários, enquanto "testemunhos de um legado estético e não integrados como casos tipológicos a par de outros com muito menos densidade cultural" (Reis *et al.*, 2009: 5). Além disso, o "contacto com diferentes *géneros literários* possibilita a vivência de diferentes formas de gerar sentidos, de diferentes formas de ler o mundo e de organizar a informação" (Reis *et al.*, 2009: 64-65). Refira-se ainda "a abertura explícita à literatura para crianças e jovens, quer pela ligação ao Plano Nacional de Leitura (no 1.º e 2.º ciclos), quer pelo alargamento do elenco de obras e textos propostos para leitura no 3.º ciclo" (Silva, Bastos, Duarte e Veloso, 2009: 4).

Verifica-se, assim, que a preocupação com a leitura e com os objetivos que lhe servem de suporte estão regulados através dos programas de Português. No entanto, em contexto escolar, a prática pedagógica assenta sobretudo no manual escolar, considerado um imprescindível auxiliar no processo de ensino-aprendizagem, assumindo-se mais como "um elemento regulador das práticas pedagógicas, quando deveria ser um instrumento orientador" (Martins e Sá, 2010: 243). Por este facto, o manual escolar constitui um importante instrumento no desenvolvimento da competência específica da leitura, seja ela recreativa/de fruição ou, por outro lado, uma leitura de aprendizagem, afinal o que a retórica clássica visava com os princípios do *delectare*, a par de *docere* e *movere*.

2.3. Escrita

Como é sabido, a escrita, enquanto sistema de signos usados para representar graficamente a língua, constitui uma das grandes conquistas da Humanidade, graças à escrita se acede a volume imenso de conhecimentos e se garante o progresso. Esta, aliás, a razão da valorização tradicional da escrita face à oralidade. Não se esqueça, porém, que a informação foi veiculada, antes do aparecimento da escrita, através da comunicação oral, além de imagens e símbolos pictóricos que visavam representar objetos ou ideias (escrita ideográfica). A grande conquista da escrita foi a criação do alfabeto ou sistema de sinais gráficos – grafemas – representativos dos sons / fonemas da linguagem humana, reduzindo, assim, a linguagem escrita a um pequeno número de símbolos, cuja combinação forma palavras.

Como afirma Delgado-Martins (1996: 86), ao contrário da aquisição da linguagem oral, a escrita não resulta de processo de aquisição, mas de aprendizagem formal, "isto é, não é interiorizada apenas pela exposição a documentos escritos". Sabe-se que o homem é dotado da capacidade de falar há milénios; no entanto, a capacidade de representação gráfica nunca foi generalizada, mas reservada a um número restrito de pessoas: aos monges medievais que sabiam ler, a copistas que reproduziam mecanicamente os documentos (Delgado-Martins, 1996: 87).

Com o desenvolvimento da Humanidade, reconheceu-se a necessidade do ensino da escrita, dada a complexidade que lhe é inerente e que se reconhece na sua definição presente nos PPEB (Reis *et al.*: 2009:16):

> O resultado, dotado de significado e conforme à gramática da língua, de um processo de fixação linguística que convoca o conhecimento do sistema de representação gráfica adoptado, bem como processos cognitivos e translinguísticos complexos (planeamento, textualização, revisão, correcção e reformulação do texto.

Com a entrada na escola e sujeita a um ensino formal, a criança, não só aperfeiçoa o domínio da oralidade, como desenvolve os restantes domínios. Na verdade, é precisamente no contexto escolar que a criança inicia a aprendizagem formal da escrita. Sérgio Niza (2005: 107) refere a este propósito "a escola e o poder discriminatório da escrita", já que a escola "foi sempre a escola da escrita". Um contacto prévio com materiais escritos pode exercitar as crianças, não só no suporte de leitura, mas também na mecânica da escrita, no que respeita aos instrumentos de escrita. De facto, um contacto precoce com a escrita no meio familiar e social contribuirá também para um maior desenvolvimento das suas competências à entrada na escola. Maria Raquel Delgado-Martins (1996: 92) refere a existência de vários estudos que mostram que a aprendizagem da escrita (e o mesmo se passa com a leitura) será tanto mais desenvolvida quanto mais precoces forem as práticas de literacia e o contacto com materiais escritos, independentemente do desempenho oral. O processo de desenvolvimento da escrita não se cola ao da fala, de que difere em termos de estrutura e de funcionamento. Quando aprende a escrever, "a criança precisa se desligar do aspecto sensorial da fala e substituir palavras por imagens de palavras" (Vygotsky, 1993: 85), o que implica o conhecimento da estrutura sonora da palavra e a boa combinação de palavras para formar sequências frásicas. A natureza abstrata da escrita exige desempenhos de maior complexidade, requer um "ensino explícito e sistemático e uma prática frequente e supervisionada" (Sim-Sim, Duarte e Ferraz, 1997: 30).

A expressão escrita é um meio poderoso de comunicação e a sua aprendizagem exige o domínio de técnicas e estratégias precisas, que ultrapassam o conhecimento da caligrafia e da ortografia, mas trabalham processos cognitivos de planeamento da produção escrita (o que se vai transmitir e sua organização), de formatação linguística dos conteúdos (escolha lexical e organização frásica de forma coesa, coerente e adequada), de organização textual (Sim-Sim, Duarte e Ferraz, 1997: 30). Temos, assim, segundo Emília Amor (2003: 112), três etapas principais no processo de escrita, propriamente dito: a planificação, a textualização e a revisão, sendo que "a planificação consiste na mobilização de conhecimentos em sentido lato, (...) visando (...) a representação de um destinatário e de um objectivo da comunicação (...) e a concepção de um esquema organizativo conducente ao discurso na sua forma final", enquanto a textualização respeita "à conversão, em linguagem escrita e em texto, do material seleccionado e organizado" na planificação. Por fim, a revisão "consiste na (re)leitura do texto para aperfeiçoamentos e correcções, sobretudo de superfície" (Amor, 2003: 112). É, pois, imperativo que a escola, como instituição educativa, proporcione situações que garantam:

> (...) a aprendizagem das técnicas e das estratégias básicas da escrita (incluindo as de revisão e autocorreção), bem como o domínio pelos alunos das

variáveis essenciais nela envolvidas – nomeadamente o assunto, o interlocutor, a situação e os objectivos do texto a produzir (Sim-Sim, Duarte e Ferraz, 1997: 31).

A escola é o local privilegiado para o desenvolvimento destes exercícios que envolvem a aprendizagem das correspondências som/letra e a compreensão das diferentes funções da escrita[1], sempre em estreita relação com a aprendizagem da leitura. Segundo os PPEB (Reis *et al.*, 2009: 70-71), na aprendizagem da escrita está implicado o desenvolvimento de três competências:

> (...) a competência gráfica (relativa ao desenho das letras); a competência ortográfica (relativa ao domínio das convenções da escrita); e a competência compositiva (relativa aos modos de organização das expressões linguísticas para formar um texto). O desenvolvimento destas competências é de uma importância capital, pois uma vez automatizadas as duas primeiras competências haverá maior disponibilidade para investir nas tarefas que dizem respeito à competência compositiva.

Por sua vez, automatizada a prática de redação, esta passará a constituir um meio de expressão e desenvolvimento pessoal, uma vez que "conduz a uma apropriação mais sistematizada do conhecimento e desencadeia hábitos de planificação do discurso que permitem exercer um controlo mais rigoroso e consciente da atividade linguística e comunicativa" (Reis *et al.*, 2009: 148-149).

2.4. Conhecimento explícito da língua

Por conhecimento explícito da língua (CEL) entende-se "o conhecimento reflexivo e sistemático do sistema intuitivo que os falantes conhecem e usam, bem como o conhecimento dos princípios e regras que regulam o uso oral e escrito desse sistema (Duarte, 2008: 17). Este conhecimento é autónomo, explícito, formal e sistematizado, por transversal que seja a todos os saberes, como é frequentemente invocado; os seus conteúdos são "objecto de aprendizagem em si mesmos", além de encarados "como alicerces indispensáveis ao aperfeiçoamento dos de-

---

[1] "As funções da escrita são múltiplas e variadas: escreve-se para identificar algo ou alguém, para mobilizar a acção, para recordar, para satisfazer pedidos ou exigências, para reflectir, aprender e para criar" (Grabe e Kaplan *apud* Sim-Sim, Duarte e Ferraz, 1997: 30).

sempenhos nas outras competências" (Reis *et al.*, 2009: 16). Quer isto dizer que o CEL ou, de forma mais alargada, a gramática ou, ainda mais genericamente, a língua portuguesa (enquanto língua materna), é língua de conhecimento, sobretudo se for concretizado na base da descoberta, e é também "língua de desenvolvimento do conhecimento da criança nativa, já que o desenvolvimento se faz a par e através do conhecimento e uso da língua materna" (Faria, 2008: 52-53). Importância do conhecimento da gramática ou da consciência metalinguística, por um lado, e a necessidade de um estudo *de per si* deste objeto, por outro, foram explicitamente defendidas em intervenções ocorridas na CIEP (2007), ao nível de vários graus de ensino:

> (...) a aprendizagem da gramática é facilitadora e espoletadora do desenvolvimento de competências na oralidade, na escrita e na leitura (Costa, J., 2008: 149);
>
> (...) o ensino da gramática é condição necessária para que o conhecimento linguístico intuitivo e inconsciente se torne acessível e se constitua num conhecimento metalinguístico que possa servir em tarefas de compreensão e de produção, particularmente na modalidade escrita da língua (Costa, M., 2008: 167);
>
> Tal como a química, a física, a história, a filosofia, etc., defendo (...) que também a gramática deverá constituir objecto de estudo em disciplina própria, o que imporá definir o metadiscurso gramatical que se elegerá para o ensino (Barbosa, 2008: 184).

Com um papel mais ou menos positivo, o envolvimento da escola, desde o ensino básico ao universitário, está implicado em tais considerações, porque é suposto caber-lhe a responsabilidade do desenvolvimento desta consciência linguística dos alunos e a consequente responsabilidade pelo êxito ou insuficiência dos mesmos alunos na atualização do conhecimento morfológico, sintático e semântico da língua materna.

O conhecimento explícito da língua interage com outras competências específicas da língua (compreensão e expressão do oral, leitura e escrita). Considerando-se neste trabalho o 5.º ano de escolaridade, importa rever o que está consignado nos PPEB (Reis *et al.*, 2009). Se à entrada do 2.º ciclo está feita a aprendizagem sistematizada da língua falada e escrita e dominados conceitos gramaticais básicos, supõem-se, doravante, desempenhos linguísticos mais complexos, e o uso e compreensão de registos mais formais da língua falada e escrita, através de contínua atividade prática e operacionalização de recursos linguísticos. Além do português padrão, a atenção vira-se para a educação cultural e literária (Reis *et al.*, 2009: 110).

O domínio da comunicação oral "adquire uma função relevante na organização do trabalho na sala de aula, na execução de tarefas, na divulgação e partilha de resultados" (Reis *et al.*, 2009: 74), atividades que, consciencializadas as características inerentes à sintaxe do oral, envolvem a gestão de situações correntes de comunicação oral, o domínio das regras da interação verbal, a adequação do registo oral a contextos formais. Tido por relevante, neste ciclo, é o "aprofundamento da relação com o texto escrito e com o texto multimodal" (Reis *et al.*, 2009: 74). No domínio da compreensão do oral e da leitura, o programa determina para o 5.º ano de escolaridade o trabalho com textos diversificados, "nomeadamente os de natureza multimodal", com principal incidência "nos textos institucionais, expositivos, narrativos e descritivos, bem como textos literários correspondentes aos três modos, lírico, narrativo e dramático" (Reis *et al.*, 2009: 102). Os níveis de competência alcançados no final do 1.º ciclo, deverão permitir desenvolver atividades e tarefas que, "favorecendo a sua formação [dos alunos] enquanto leitores autónomos, façam despertar neles a apetência para a leitura e a descoberta de uma ampla diversidade de obras literárias e de textos não literários" (Reis *et al.*, 2009: 74), pelo que devem ser criadas condições para que os alunos "possam ler e apreciar textos de diferentes tipos e com funcionalidades e finalidades distintas, não literários, literários, ouvidos, vistos, lidos... Serão trabalhados textos (...) representativos das literaturas de expressão portuguesa e da literatura universal apresentada em português" (Reis *et al.*, 2009: 101).

Sendo importante, neste 2.º ciclo, que os alunos "se constituam como produtores de texto com crescente autonomia" (Reis *et al.*, 2009: 74), tal envolve categorias metalinguísticas (sobretudo de tipo ortográfico, morfológico e sintático, além de lexical), metatextuais (sobre a estrutura e organização de textos de géneros diversos) e inclusive metadiscursivas, como exercício de reflexão sobre a própria enunciação[1] (Reis *et al.*, 2009: 74-75).

---

[1] A propósito dos conceitos de "metatextualidade" e "metadiscurso", veja-se o *E-dicionário de termos literários*, de Carlos Ceia, nomeadamente, http://edtl.fcsh.unl.pt/encyclopedia/metatextualidade/ e http://edtl.fcsh.unl.pt/encyclopedia/metadiscurso/ (acesso em julho de 2019).

3. O manual escolar no contexto do sistema educativo português

3.1. Contributos para a definição de manual escolar

3.1.1. Definição oficial de manual escolar

Em conformidade com a alínea b), do art.º 3.º, da Lei n.º 47/2006, de 28 de agosto, entende-se por manual escolar:

> (...) o recurso didáctico-pedagógico relevante, ainda que não exclusivo, do processo de ensino e aprendizagem, concebido por ano ou ciclo, de apoio ao trabalho autónomo do aluno que visa contribuir para o desenvolvimento das competências e das aprendizagens definidas no currículo nacional para o ensino básico e para o ensino secundário, apresentando informação correspondente aos conteúdos nucleares dos programas em vigor, bem como propostas de actividades didácticas e de avaliação das aprendizagens, podendo incluir orientações de trabalho para o professor.

3.1.2. Características, estatuto e funções do manual escolar

O manual escolar assume no contexto do ensino-aprendizagem uma importância como mediador entre o programa e os alunos, servindo de referência ao professor enquanto suporte na apresentação dos conteúdos de aprendizagem e de referência aos alunos que, através da sua leitura, acedem ao conhecimento, sistematizam e progridem na aprendizagem. Dada a sua importância efetiva como instrumento de trabalho de alunos e professores, tem sido alvo frequente de estudos e trabalhos académicos nacionais e estrangeiros. Dessa panóplia de abordagens, citam-se algumas definições que revelam diferentes perspetivas pelas quais se pode encarar o manual escolar, sendo também reveladoras das múltiplas dimensões que têm sido objeto de estudo por parte de especialistas.

Numa primeira abordagem, poderão referir-se diferentes aceções de manual, entre as quais alguns normativos legais, reguladores do sistema educativo português que reconhecem a sua relevância. Assim, a Lei de Bases do Sistema Educativo (Lei n.º 46/86, de 14 de outubro, com as alterações introduzidas pela Lei n.º 115/97, de 19 de setembro e Lei n.º 49/2005 de 30 de agosto), alínea a) do ponto 2 do artigo 41.º) considera os manuais como "recursos educativos privilegiados", merecedores de especial atenção, a exemplo das bibliotecas e de outros equipamentos especializados.

De acordo com o artigo 2.º, do Decreto-Lei n.º 57/87, de 31 de janeiro:

> (…) manual escolar é todo o instrumento de trabalho impresso e estruturado que se destina ao processo de ensino aprendizagem, apresentando uma progressão sistemática quanto aos objectivos e conteúdos programáticos e quanto à sua própria organização da aprendizagem.

Esta definição foi depois reformulada por revogação do respetivo Decreto-Lei. Da necessidade de definição de uma política de manuais que respondesse às exigências decorrentes da entrada em vigor de novos programas, surgiu o Decreto-Lei n.º 369/90, de 26 de novembro (que revoga o anterior) e cujo artigo 2.º apresenta a seguinte definição do manual:

> (…) instrumento de trabalho, impresso, estruturado e dirigido ao aluno, que visa contribuir para o desenvolvimento de capacidades, para a mudança de atitudes e para a aquisição dos conhecimentos propostos nos programas em vigor, apresentando a informação básica correspondente às rubricas programáticas, podendo ainda conter elementos para o desenvolvimento de actividades de aplicação e avaliação da aprendizagem efectuada.

Anos mais tarde, o Decreto-Lei n.º 176/96, de 21 de setembro, veio estabelecer uma distinção útil de vários conceitos relacionados com a política do livro em geral no artigo 1.º, de onde constam, entre outras, as seguintes noções:

> a) Livro: toda a obra impressa em vários exemplares, destinada a ser comercializada, contendo letras, textos e ou ilustrações visíveis, constituída por páginas, formando um volume unitário, autónomo e devidamente encapado, destinada a ser efetivamente posta à disposição do público e comercializada e que não se confunda com uma revista (…).

> g) Manual escolar: o instrumento de trabalho individual, constituído por um livro em um ou mais volumes, que contribua para a aquisição de conhecimentos e para o desenvolvimento da capacidade e das atitudes definidas pelos objectivos dos programas curriculares em vigor para cada disciplina, contendo a informação básica necessária às exigências das rubricas programáticas. Supletivamente, o manual poderá conter elementos para o desenvolvimento de actividades de aplicação e avaliação da aprendizagem efectuada.

> h) Livro auxiliar: o instrumento de trabalho individual ou colectivo, constituído por um livro em um ou mais volumes, que, propondo um conjunto de informação, vise a aplicação e avaliação da aprendizagem efectuada, destinado exclusivamente a um ano de escolaridade.

Numa aceção bastante genérica, Gérard e Roegiers (1998: 19) definem o manual como "um instrumento impresso, intencionalmente estruturado para se inscrever num processo de aprendizagem, com o fim de melhorar a eficiência". Por outro lado, Alain Choppin (1998 : 666-669), considera que:

> (…) le manuel, comme en témoigne son étymologie (latin *manus*, la main), se définit à l'origine comme un ouvrage de format réduit qui renferme l'essentiel des connaissances relatives à un domaine donné. (…) Depuis la fin du 19ème siècle, ce terme désigne tout spécialement les ouvrages qui présentent celles qui sont exigées par les programmes scolaires.

Na obra *L'Histoire des Manuels Scolaires, une approche globale*, Choppin (1980: 1) caracteriza o manual em função de quatro dimensões, conferindo-lhe uma atitude própria: o manual escolar como um produto de consumo, dependente das políticas educativas, da evolução demográfica e da capacidade de produção e difusão de empresas; o manual escolar como suporte de conhecimentos escolares; o manual escolar como veículo de um sistema de valores, de uma ideologia, de uma cultura, participando

> (...) étroitement du processus de socialisation, d'acculturation (...) du jeune public auquel il s'adresse.
>
> (…) o manual como instrumento pedagógico, o qual se apresenta "dans son élaboration comme dans son emploi, [inseparável] des conditions et des méthodes de l'enseignement de son temps (Choppin *apud* Castro, 1995 : 62).

A consideração destas dimensões ajuda a reconhecer elementos que caracterizam, em cada sociedade e em cada momento, conceções e práticas de ensino. Viseu, Fernandes e Gonçalves (2009: 3178), baseados em Zabalza, entendem que "o manual escolar desempenha uma função central no processo educativo, quer pelo seu papel de mediador entre o currículo prescrito e o currículo programado e planificado, quer pela sua função de legitimação cultural que veicula uma dada informação". Todos estes conceitos e definições podem ser sintetizados em traços característicos essenciais. Seja qual for o conceito adotado, sabe-se que o manual escolar "[se] tornou o meio pedagógico central no processo tradicional de escolarização" (Magalhães, 1999: 285), sendo que reflete conceções dominantes de cada época no que toca a formas de aprendizagem, a saberes e a comportamentos (Pinto, 2003). O manual escolar encontra-se assim fortemente condicionado pelas mutações sociais, económicas, políticas e culturais, quer nos tipos de saberes representados, quer nos valores que explícita ou implicitamente veicula. Como tal, se existirem mudanças no discurso político do Estado, estas poderão refletir-se nos manuais escolares, que são expressão de determinada política educativa (Gérard e Roegiers, 1998: 235).

Ao longo da história da educação tem-se vindo a verificar que este tipo de material sofreu grande evolução, principalmente no que respeita à sua função e ao seu papel no ensino-aprendizagem. De facto, o manual escolar de há uns anos atrás pouco tem a ver com os que lhe sucederam. Como refere Castro (1995: 62), no decorrer do tempo e de alterações nas condições sociais, o manual foi passando, na vida escolar, "de um objecto, raro, frágil de difícil manuseamento e de utilização colectiva, para um objecto mais comum no quotidiano dos alunos, de acesso progressivamente mais fácil," e de utilização individual. Castro afirma ainda que, apesar destas variações, o estatuto e a função do livro mantêm-se relativamente estáveis quanto às suas características fundamentais, assumindo "funções de selecção e organização de conhecimentos, de estruturação da aquisição dos saberes, de avaliação, ainda que indirecta, de conhecimentos, concepções e práticas" (Castro, 1995: 62). Choppin (2004: 552-553) destaca múltiplas funções dos manuais escolares, quatro essenciais que podem variar consoante o ambiente sociocultural, a época, as disciplinas, os níveis de ensino, os métodos e as formas de utilização. São elas:

a) Função referencial, curricular ou programática, caso em que o manual escolar surge como o suporte privilegiado dos conteúdos educativos, o depositário dos conhecimentos, técnicas ou habilidades a transmitir à sociedade e às novas gerações.

b) Função instrumental, na medida em que o manual põe em prática métodos de aprendizagem, propõe exercícios ou atividades que, segundo o contexto, visam facilitar a memorização dos conhecimentos, favorecer a aquisição de competências disciplinares ou transversais, etc.

c) Função ideológica e cultural, considerada a mais antiga, que faz do manual escolar veículo da língua, da cultura e dos valores das classes dirigentes de um país.

d) Por fim, a função documental, no sentido em que o manual escolar pode fornecer um conjunto de documentos, textuais ou icónicos, cuja observação ou confrontação podem vir a desenvolver o espírito crítico do aluno. Esta função, considera-a Choppin a mais recente e sem um carácter universal, uma vez que poderá não ser encontrada em todos os ambientes pedagógicos.

Ainda no que às funções diz respeito, Gérard e Roegiers (1998: 74) defendem que "o manual escolar pode desempenhar diferentes funções que variam de acordo com o respectivo utilizador, a disciplina e o contexto em que o manual é elaborado." Assim apresentam duas diferentes perspetivas: a do aluno e a do professor. No que respeita ao aluno, são atribuídas aos manuais escolares múltiplas e diversas funções que, além da função de transmissão de conhecimentos, se prendem com o desenvolvimento de capacidades e de competências dos alunos: os alunos deverão adquirir saberes, que aplicarão posteriormente a situações específicas e ainda desenvolver métodos, atitudes e hábitos de estudo que permitam a sua progressão, privilegiando-se, portanto, a atividade. Acresce a função de consolidação, avaliação e integração das aprendizagens: aplicação dos saberes adquiridos em situações diversas e avaliação formativa, certificativa ou autoavaliação dos alunos, papel que não deverá ser desempenhado apenas pelo manual. Ainda a função de referência, ou seja, a utilização e apresentação: o manual deve oferecer informação rigorosa que permita ao aluno uma fácil utilização de modo a possibilitar a oportunidade de pesquisar e preparar informação que contribua para o desenvolvimento das suas competências. Por fim, é atribuída ao manual a função de educação social e cultural dos alunos: o manual deverá ajudar os seus utilizadores a autoconhecerem-se e a integrarem-se socialmente. Em suma, na perspetiva destes autores, o manual tem como função essencial transmitir aprendizagens que permitam ao aluno relacionar-se com o seu quotidiano e o seu meio envolvente.

Na perspetiva do professor, os autores atribuem ao manual o papel de formador, porque possibilita ao docente um desenvolvimento mais eficaz das suas funções no processo de ensino-aprendizagem e renovação pedagógica dos seus métodos de ensino; atribuem também a função de difusor de conhecimentos científicos e gerais; de auxiliar na formação contínua dos docentes ao fornecer-lhes novos caminhos e estratégias que lhes permitem reformar e incrementar a sua experiência pedagógica; de instrumento auxiliar na consecução de tarefas e preparação de aulas, assim como processos de avaliação formativa e de estratégias de remediação.

3.2. Abordagem histórica do manual escolar e do ensino em Portugal

O objeto manual escolar tal como o conhecemos hoje é recente. Para Alain Choppin (2004: 552), é o resultado do cruzamento dos primeiros livros escolares laicos de estrutura tipo catecismo, com livros técnicos e profissionais dos séculos XVIII e XIX, progressivamente alargados à instituição escolar e, ainda, com a literatura "de lazer", tanto de carácter moral, como a recreativa ou de vulgarização.

De facto, dentro de um contexto educativo, os primeiros livros (manuscritos) a que se podem atribuir ensinamentos, vêm da Idade Média pela mão do clero. Pertencia à Igreja o grande papel de formadora e modeladora da cultura, e das mentalidades na época medieval, pelo que assumiu um protagonismo muito importante na formação das pessoas. Numa sociedade praticamente iletrada, ler e escrever era um privilégio de uma minoria, e os homens do clero é que detinham o poder que lhes dava o conhecimento e a quem cabia a sua difusão. Os mosteiros eram considerados autênticos centros do saber com as suas ricas bibliotecas. Coube à Igreja, através das ordens religiosas, a fundação das primeiras escolas, nomeadamente, as escolas monásticas, as escolas catedrais ou episcopais, as conventuais, as paroquiais, as palacianas, as municipais e ainda as escolas domésticas (Mattoso e Sousa, 1992: 533-540).

Os livros ou textos adotados neste ensino faziam parte das bibliotecas dos mosteiros e eram extraídos de códices que os próprios monges tinham redigido copiando-os de outros (Carvalho, R. de 2001: 22). Os raros livros (manuscritos) na Idade Média eram realizados nos mosteiros, mais concretamente no "*scriptorium*", por monges especialistas (copistas) que dominavam conhecimentos de latim, caligrafia, desenho e pintura. Percebe-se que currículos e planos de estudos tenham variado em função do tempo e dos agentes. Saltando para a época renascentista, cumpre referir que os livros e as escolas/universidades foram um meio de expansão da própria cultura renascentista e humanista. Com a descoberta da imprensa por Gutenberg, a utilização do papel e a construção da primeira imprensa, em 1460, os livros tornaram-se mais comuns e mais baratos, de modo que ficou facilitada a difusão de obras literárias, filosóficas e científicas do humanismo, bem como o acesso à cultura de um número cada vez maior de pessoas. As produções literárias floresceram neste período, assim como a criação de tipografias: as "tipografias tornaram-se, assim, importantes locais de cultura, onde os humanistas se encontravam e conviviam" (Diniz, Tavares e Caldeira, 1992: 68). É neste contexto que aparecem os primeiros manuais escolares denominados cartinhas ou cartilhas e as gramáticas, aritméticas, dicionários e um grande número de outras obras, que crescia à medida dos interesses. É a época da *Gramática da Linguagem Portuguesa* (1536), de Fernão de Oliveira, e da *Gramática da Língua Portuguesa* (1540), do gramático / didata / historiador João de Barros (Buescu, 1984).

De facto, as obras escolares, tanto de autores portugueses como de estrangeiros, publicadas em Portugal entre 1522 e 1553, durante o reinado de D. João III, são, essencialmente, gramáticas (sobretudo de latim), aritméticas, dicionário, léxicos gregos e hebraicos (além dos latinos) e alguns livros de teologia de Retórica, de Dialética, de Direito e de Medicina (Carvalho, R. de 2001: 274-279). O crescimento económico resultante dos Descobrimentos leva à maior procura de escolas para aprender. Como é sabido, é desta altura a chegada a Portugal da Companhia de Jesus, que em 1553 fundou a primeira escola pública portuguesa, rapidamente multiplicada por todo o país e ultramar, onde o ensino era gratuito. Quer os seus métodos de estudo, quer a sua continuidade temporal terão desempenhado um papel importante na modelação da cultura dos portugueses e missionação empreendida nos locais mais recônditos do mundo, dada a forte influência que exerceram como pedagogos e missionários até meados do século XVIII (aquando das reformas educativas do Marquês de Pombal). É também deste período (século XVIII) a criação das Academias (a Academia Real da História, 1720) e o aparecimento de publicações periódicas científicas. Com a subida ao trono de D. João V, em 1706, inicia-se um período de modernização cultural no âmbito da abertura de Portugal ao movimento internacional do Iluminismo. A riqueza do reino proveniente essencialmente do Brasil, permite uma melhoria considerável no setor livreiro, tanto em número de oficinas e publicações, como em termos de qualidade. É desta altura a abertura da Livraria Bertrand (1732).

A alfabetização começa a ser considerada cada vez mais importante, como prova a atividade do iluminista Luís António Verney (*Verdadeiro Método de Estudar*, 1746), com o processo de reforma pedagógica do reino, contribuindo para uma aproximação de Portugal aos parâmetros do progresso cultural europeu. De entre as muitas medidas reformistas, há a salientar a fundação do Real Colégio dos Nobres (1761) para educar os filhos da nobreza; a criação da Impressão Régia (1768), mais tarde chamada Imprensa Nacional (1833); a criação das "Escolas Menores" (parecidas com as do 1.º ciclo), que se multiplicam por todo o país e domínios ultramarinos (uniformização do ensino); a reforma da Universidade de Coimbra de modo a igualar-se às suas congéneres europeias; o fecho da Universidade jesuítica de Évora. Os métodos de ensino foram alterados, passando a dar-se maior importância à observação e à experimentação para que os alunos compreendessem melhor. É de salientar também o impulso dado ao ensino científico, com a criação das faculdades de Medicina e Matemática. Novas escolas surgem no início do século XIX; entre elas, a "Escola Normal" (1816), a rede de escolas militares de primeiras letras (1815-1823) e as primeiras tentativas de formação de professores (Carvalho, R. de 2001: 531).

Com a revolução liberal (1820) vem a primeira Constituição Portuguesa (1822), baseada nos princípios da igualdade e liberdade, que, ao nível do ensino, fazem da instrução pública um fator indispensável à regeneração do país. De entre as medidas tomadas pelos governos liberais há a destacar o alargamento da rede escolar com o aumento do número de escolas primárias (algumas dos quais do sexo feminino) para combater o analfabetismo e tornar o ensino obrigatório e gratuito; o alargamento do ensino liceal, criando-se um liceu em todas as capitais de distrito; e fundação das primeiras escolas de ensino técnico (escolas comerciais, industriais e agrícolas), a par do ensino universitário. Sucedem-se, então, as reformas no ensino. Nomes emblemáticos como Rodrigo da Fonseca Magalhães, Passos Manuel, António Bernardo da Costa Cabral ou Fontes Pereira de Melo estão indelevelmente associados à história do ensino oitocentista em Portugal.

Datam do século XX os primeiros manuais escolares sujeitos a concurso e apreciados por uma comissão técnica. São desta altura os manuais de autores como Ulisses Machado e Trindade Coelho: *ABC do Povo* (1901), *O Primeiro Livro de Leitura* (1903), *Segundo Livro de Leitura* (1903) ou *O Terceiro Livro de Leitura* (1903). A famosa *Cartilha Maternal*, de João de Deus, foi o método de leitura usado até aos anos 30. Pela mão deste conhecido pedagogo é igualmente fundado o ensino infantil particular, com a criação dos primeiros jardins-de-infância, com métodos pedagógicos inovadores e onde as primeiras noções de liberdade, civismo e solidariedade eram ministradas, ainda que fossem os manuais escolares, este e outros, veículos transmissores da ideologia política do Estado Novo, que levou à criação do livro único.

Até à revolução de abril, os manuais escolares pouco mudaram. De uns anos para os outros seguiam os mesmos modelos. Para Pires, Mesquita e Ribeiro (2009: 20), baseados em Silveira, até 1930 os livros mostram uma variação mínima de textos e temas adotados. Com o Estado Novo houve algumas mudanças, mas os livros apresentavam-se compactos, com poucas ilustrações e não eram muito apelativos. Após 1974, os projetos educativos passam a ter mais em consideração as crianças e as suas potencialidades, pondo-se fim à discriminação social no ensino. A partir desta data e até à atualidade, as reformas do ensino têm sido constantes, ocorrendo em cada ano letivo.

3.3. Os manuais escolares de Língua Portuguesa e o seu papel na promoção da comunicação verbal numa perspetiva diacrónica

Conforme se pode verificar, os programas educativos emanados dos vários governos ao longo dos anos, propunham para o ensino/aprendizagem da Língua Portuguesa uma antologia de textos, tanto em prosa como em verso, de complexidade variada, conforme o nível de escolaridade em que eram trabalhados. Eram escolhidas obras e autores portugueses que, segundo Mariana Pinto (2003: 4), "pela sua importância e correcção serviam de modelo a seguir". Este aspeto é visível nos diferentes programas da disciplina desde o século XIX[1] e ao longo do século XX. Por exemplo, o decreto de 16 de setembro de 1895 recomendava que os livros para a I e II classes compreendessem trechos dos escritores do século XIX e de alguns do século XVI a XVIII que não oferecessem dificuldade especial. Os alunos começariam pela leitura de poesias (narrativas, líricas e populares) e trechos muito simples, desde fábulas, contos tradicionais, narrativas da história real e lendária do país, notícias de homens notáveis, lendas da Antiguidade Clássica.

A acompanhar o livro de leitura, o livro ou epítome da gramática instituía-se como um material indispensável, assim como o dicionário. Por exemplo, o decreto de 4 de novembro de 1905 (DG, n.º 250: 3865-3866) refere que os livros para o ensino seriam edições escolares de autores portugueses, a gramática para as cinco primeiras classes em dois

[1] Consultado o decreto de 14 de setembro de 1895, *Diário do Governo* (DG), de 16 de setembro, n.º 208, 2509-2510.

volumes (o primeiro volume para as três primeiras classes e o segundo volume para as duas restantes). Anos mais tarde, a Portaria n.º 23 601 de 9 de setembro, ainda apresenta, como livros para o ensino da Língua Portuguesa, um livro de leitura e um compêndio de gramática portuguesa (DG n.º 213, I série: 1381-1385).

Os livros de leitura, assim como as gramáticas eram, inicialmente, pouco apelativos apresentado textos compactos, poucas ilustrações e fomentando maioritariamente a prática da leitura. Com o desenvolvimento das artes gráficas, é visível a introdução de ilustrações nos manuais como forma de captar mais o interesse do aluno. O facto foi mesmo legislado. O decreto n.º 37112 de 22 de outubro de 1948, que faz referência ao livro de leitura e ao epítome ou gramática portuguesa, recomenda para os primeiros anos a ilustração do tipo de mapas e outros elementos gráficos destinados a melhor interpretação dos textos de geografia e de história (DG, n.º 248, Iª série, 1081-1087). Os manuais começam assim a ser ilustrados, mas só na década de sessenta aparecem alguns exemplares em que são visíveis as tentativas de introdução do design na sua realização e mudanças significativas nos manuais, nomeadamente na organização da informação fornecida.

Atualmente os manuais de Língua Portuguesa apresentam-se na sua maioria organizados por temas ou unidades, onde as práticas de comunicação verbal (leitura, escrita e comunicação oral) são trabalhadas ao longo de todo o manual. É geralmente apresentado um texto, a partir do qual é trabalhada a leitura, a compreensão e expressão oral, a escrita e nalguns casos o CEL (ou a gramática). Alguns manuais optam por dar as informações gramaticais ao longo do livro, mas a maioria das editoras opta por apresentar no final do manual ou em apêndice um capítulo dedicado às principais regras gramaticais destinadas a cada ano de escolaridade. Os manuais de Língua Portuguesa que constituem o *corpus* deste trabalho são disso exemplo, conforme se poderá ver mais adiante. Por outro lado, as antologias de textos que tradicionalmente apareciam configuradas como recolhas de textos literários têm vindo, mais recentemente, a sofrer alguma evolução, "traduzida na incorporação de textos não literários, na introdução de linhas orientadoras de leitura (guiões de leitura) e na adopção de princípios organizativos não apenas decorrentes dos estudos literários" (Castro, 1995: 67). No que concerne às práticas de comunicação verbal, verifica-se que inicialmente a leitura era considerada como exercício central, sendo o "livro de leitura" o principal instrumento de trabalho. Era o ponto de partida de todos os exercícios, devendo o aluno progredir conforme o grau de ensino alcançado. A gramática, os elementos de poética, estilística, história literária seriam todos ensinados em ligação com a leitura. Os trechos lidos deveriam ser resumidos e explicitados em contexto de sala, mesmo para as leituras que se realizassem em casa. A oralidade figuraria como uma sistematização da compreensão dos trechos lidos e em exercícios de elocução baseados em assuntos de interesse ou experiência do aluno, nomeadamente a reprodução e/ou resumo dos textos lidos, descrição e apreciação de cenas reais, imagens, exposição de impressões. Com este exercício ligava-se estreitamente a recitação e a dramatização de fábulas, romances populares etc. As atividades orais serviriam também para a adaptação dos alunos ao meio escolar, principalmente nos primeiros anos, e para correção fonética e articulatória, para que assim pudessem desenvolver melhor a capacidade oral e escrita. Parte-se do pressuposto de que "quanto maior for a destreza alcançada na prática oral e escrita da língua maior será o rendimento obtido no aprendizado das outras matérias" (DG, n.º 213, 1968: 1379). Verifica-se assim que grande parte dos trabalhos na aula de Língua Portuguesa visavam também exercitar os alunos a exprimirem-se oralmente, sendo o principal objetivo a capacidade de falar com correção a língua nacional.

A par do desenvolvimento da expressão oral, a escrita aparece nos primeiros programas do século XX circunscrita a exercícios simples de redação livre ou orientada. Era também considerada a reprodução de assuntos lidos, normalmente resumos de parágrafos ou textos, ou reprodução de narrativas; redações sobre assuntos bem conhecidos dos alunos; composições de pequenos diálogos; teatralização de pequenas narrativas; exercícios de escrita com intuito gramatical; análise gramatical e exercícios de ortografia, ditados. A escrita deveria evoluir gradualmente passando, essencialmente, por três graus: reprodução servil, reprodução livre e reprodução criativa.

Atualmente o manual escolar de Língua Portuguesa continua a ser, na sua essência, o "livro de leitura", formado por textos ou trechos que constituem o cerne de todas as atividades, comentários e informações propostos, e a que acrescem atividades e fichas de natureza diversa, que mantêm com o primeiro uma relação de dependência formal ou semântica (Castro e Sousa, 1998: 45) e que visam desenvolver as competências pretendidas em cada ciclo de escolaridade. Seguindo normalmente as diretrizes dos programas vigentes, o manual escolar ocupa um lugar central nas aulas de Língua Portuguesa como refere Mariana Pinto (2003: 7). Em alguns casos, poderemos dizer que desempenha funções de "programa da disciplina" ao condicionar as práticas letivas e ao definir os conteúdos e respetivas formas de apropriação (Pinto, 2003: 7). Contudo, "a frequência da sua utilização e as formas que reveste estão sujeitas a variações relacionadas com as concepções do professor, com o nível de escolaridade, com a disciplina, enfim, num plano global, com o contexto ideológico" (Castro, 1995: 64), pelo que podem configurar práticas letivas ou abordagens curriculares totalmente diferentes.

4. O Programa de Português

4.1. Fundamentação teórica e contextualização do programa

Tradicionalmente concebido como referencial básico no contexto do ensino-aprendizagem e a esse título alvo de reformulações para dar resposta às novas exigências da sociedade emergente, o programa é elemento de ensino que convém definir de forma bem explícita. Segundo a Lei n.º 47/2006, de 28 de agosto, é:

> (…) o conjunto de orientações curriculares, sujeitas a aprovação nos termos da lei, específicas para uma dada disciplina ou área curricular disciplinar, definidoras de um percurso para alcançar um conjunto de aprendizagens e de competências definidas no currículo nacional do ensino básico ou no currículo nacional do ensino secundário (art.º 3, a).

Na verdade, foi sempre uma preocupação dos responsáveis da política educativa a implementação de reformas no ensino. Sejam de carácter mais estruturante ou passem pela revisão de programas anteriores, tais alterações nascem sempre da resposta a novos desafios que se perfilam a partir da inevitável emergência de uma nova sociedade em constante mudança.

A revisão dos programas de português do ensino básico é disso um exemplo. Datados de há cerca de duas décadas, os programas vigentes (tomando-se por referência os de 2009) necessitavam de ser substituídos por outros, que visassem dar resposta mais cabal às solicitações atuais do ensino e da aprendizagem do Português; que visassem sobretudo acabar ou, pelo menos, atenuar alguns problemas já evidenciados por diversos agentes de ensino; evidenciados nomeadamente nos resultados obtidos em exames nacionais e no Projeto de Investigação e Ensino da Língua Portuguesa (IELP), ou em estudos internacionais (como os estudos PISA). Estes estudos tornaram-se importantes, uma vez que ajudaram na identificação de dificuldades dos alunos portugueses e na fundamentação da elaboração dos novos PPEB (2009).

Por exemplo, os estudos PISA (2000), que avaliaram as competências dos alunos nos três domínios de literacia de leitura, literacia matemática e literacia científica, concluíram no primeiro relatório, no que concerne à literacia da leitura, que os alunos das escolas portuguesas revelam dificuldades ao nível da mobilização prática de conhecimentos relativos a conteúdos curriculares específicos, situando-os abaixo da média da OCDE[1]. Em contrapartida, obtiveram maior sucesso quando o texto proposto se tratava de uma narrativa, superando neste caso os níveis da OCDE (PISA, 2000: 47). O mesmo estudo revela ainda que os alunos que mostraram maior desempenho são aqueles que usam mais estratégias de controlo, praticam leitura mais diversificada, revelam mais interesse e gosto pela leitura, esforço e perseverança; têm maior autoconceito académico, sentimento de eficácia, sentido de pertença à escola e mais motivação para estudar. Por outro lado, pertencem a famílias com mais recursos educacionais e bens culturais em casa, que interagem com os filhos demonstrando relevante interesse académico e social (PISA, 2000: 47).

Nos novos estudos realizados, nomeadamente os de 2003, 2006 e 2009, constata-se que os alunos portugueses continuam a demonstrar algumas dificuldades, embora tenham revelado algumas melhorias, atingido em 2009 pontuações que se situam na média dos desempenhos da OCDE, no domínio da literacia da leitura. Com este resultado, Portugal foi o quarto país que mais progrediu (entre os ciclos de 2000 e 2009). Nos três ciclos anteriores (2000, 2003 e 2006), os alunos portugueses tiveram desempenhos significativamente inferiores à média. De salientar que em 2009, os alunos portugueses revelaram expressiva melhoria nas três áreas avaliadas – leitura, matemática e ciências desde que Portugal participa no PISA (PISA, 2009). Por outro lado, o estudo desenvolvido no âmbito do projeto IELP (2008) reuniu dados a partir de diferentes agentes (investigadores, docentes e alunos), coordenados por Sónia Rodrigues e Regina Duarte, relativamente às competências dos alunos a nível da expressão oral, escrita, leitura e CEL. As principais conclusões, no que concerne às dificuldades evidenciadas, são:

- No plano da competência de expressão oral-debate e interação verbal, cerca de 40% dos alunos não chegam a emitir uma opinião ou a apresentar um argumento; optam por veicular opiniões e revelam domínio insuficiente da competência discursiva e uma reformulação pouco frequente do texto oral sobre conceitos já trabalhados;

- No plano da competência escrita, revelam dificuldades em produzir respostas abertas de escrita compositiva e de acesso ao sentido

[1] Participaram 149 escolas (138 públicas e 11 privadas), abrangendo 4604 alunos de 15 anos, desde o 5.º ano de escolaridade ao 11.º ano (PISA, 2000: 1)

do texto por incapacidades de produzir respostas formalmente corretas. Revelam ainda, dificuldades em ultrapassar a estrutura de superfície textual, reformular o texto e produzir paráfrases textuais.

- No plano da competência da leitura, apresentam dificuldades em relacionar as diferentes sequências textuais que justifiquem respostas anteriores ou a compreender a organização discursiva de um texto em análise.

- No plano do CEL, as dificuldades situam-se a nível da mobilização do conhecimento adquirido na elaboração de outro conhecimento, quer na aplicação da escrita ou na oralidade. Neste âmbito, mostram ainda dificuldades no domínio lexical e semântico, que comprometem a compreensão de textos mais elaborados e complexos do ponto de vista sintático e semântico, dificuldades que se repercutem no plano da competência escrita. Por último, o conhecimento metalinguístico ou a consciência fonológica, morfológica e sintática, mantém-se passivo, donde a dificuldade com usos metafóricos de termos, conceitos, informações implícitas e inferências mais complexas (Rodrigues e Duarte, 2008: 168-169).

No que se refere às dificuldades sentidas pelos docentes na área curricular de Língua Portuguesa, há a realçar que estas se relacionam, quer com as orientações curriculares existentes, quer com a própria didática da língua. Segundo o estudo sobre a posição dos docentes relativamente ao ensino da Língua Portuguesa, levado a cabo por uma equipa de Português da Direção Geral de Inovação e Desenvolvimento Curricular (DGIDC), coordenada por Regina Duarte (2008), os professores de Português, quando questionados acerca das dificuldades colocadas pelos documentos orientadores, destacam a ausência de materiais de apoio, mais do que as características dos ditos documentos, não considerados uma prioridade. No entanto, o programa de Língua Portuguesa, enquanto documento orientador, e os manuais escolares, como reguladores da prática pedagógica, assumem maior importância, na medida em que os dados de que se dispõe apontam para um uso frequente dos atualizados PPEB (2009). Apesar das mudanças, na aula de Português ainda permanece o modelo tradicional da predominância de situações de ensino assentes na exposição e aplicação. Constata-se ainda a valorização da leitura literária, embora a escrita tenha vindo a conquistar o seu lugar nas aulas de Português. No que se refere à oralidade, e continuando na linha do documento de Duarte *et al.* (2008: 37-38), é a mesma entendida sobretudo como diálogo espontâneo na sala de aula, não se reportando à definição de momentos de oralidade estruturados. Quanto ao CEL, os docentes revelam a pouca sistematização do seu estudo, o que dificulta a aquisição de um conhecimento ao nível da consciencialização linguística, tal como a descreve Inês Duarte (2010: 12): concentrarem-se as crianças "ora no som quando inventam rimas, ora na estrutura sintáctica quando repetem lengalengas, ora nas propriedades semânticas das palavras quando brincam com antónimos" revela "uma perspectiva distanciada e não holística do conhecimento da língua".

Convém ainda não esquecer outras dificuldades que os docentes evidenciam na sua prática pedagógica e muito particularmente na planificação das suas aulas. Fruto de experiência pedagógica e de reflexões na sequência de reuniões departamentais de línguas ou de 1.º ciclo, os docentes manifestam dificuldades de articulação das diferentes orientações curriculares circunscritas nos vários textos publicados, de que se destacam: *Programas* (1991); *A Língua Materna na Educação Básica – Competências Nucleares e Níveis de Desempenho* (1997); *Currículo Nacional do Ensino Básico - Competências Essenciais* (CNEB), publicado em 2001; *Programa Nacional de Ensino do Português* (PNEP), de 2006; *Plano Nacional de Leitura*, em desenvolvimento desde 2007 (PNL); *Recomendações da Conferência Internacional sobre o Ensino do Português* (CIEP), que teve lugar em Lisboa, em maio de 2007; *Dicionário Terminológico* (DT), publicado em 2008 na sequência da revisão da "Terminologia Linguística para os Ensinos Básico e Secundário" (TLEBS), adotada a título experimental em 2004 (em substituição da "Nomenclatura Gramatical Portuguesa", NGP, de 1967).

Além da fundamentação dada pela constante mutação na sociedade portuguesa e que tem levado à redefinição dos vários documentos orientadores da prática pedagógica e das dificuldades sentidas pelos intervenientes no processo de aprendizagem do Português, convém salientar que os PPEB se contextualizam também no quadro das recomendações emanadas da Conferência Internacional sobre o Ensino do Português (2007), dado que "podem ser entendidas como um ponto de partida" (Reis *et al.*, 2009: 4). Em resultado dessa conferência, Carlos Reis definiu algumas recomendações a serem consideradas pelos docentes de Português aquando do ensino da língua, que respeitam aos seguintes aspetos: o português como língua de conhecimento; o problema do erro, a especificidade do texto literário; o ensino da gramática; o multilinguismo nas escolas, a leitura e a identidade do professor de Português.

Em relação à questão do português como língua de conhecimento, o mesmo autor citou recomendações no sentido de os professores cultivarem "uma relação com a língua norteada pelo rigor e pela exigência de correcção linguística em todo o momento e em qualquer circunstância do processo de ensino e aprendizagem" (Reis *et al.*, 2008: 6); donde, a necessidade de valorização da normatividade da língua, desincentivando a prática do erro (Reis *et al.*, 2008: 16). Donde, também, a importante dimensão normativa da língua (Reis *et al.*, 2008: 5-6), tendencialmente desvalorizada em relação à dimensão comunicativa. Nesse sentido, deve ser instituído ou reforçado, na aula de Português, o ensino da gramática, pelo que se torna necessário que a formação dos professores, tanto a inicial como a contínua, insista neste aspeto. Reportando-nos às recomendações relativas ao multilinguismo nas escolas, estas apontam para o incentivo de programas de integração linguística das comunidades de emigrantes, sensibilizando-as para a conveniência dessa integração, como fator de uma mais ampla e harmoniosa integração social (Reis *et al.*, 2008: 6). Sobre a questão da leitura, as recomendações vão no sentido da promoção de práticas de leitura, de literacia informacional para que os alunos desenvolvam as competências para localizar, selecionar, avaliar e utilizar de maneira eficaz qualquer informação. Para esse efeito, deve a leitura ocupar um espaço e um tempo próprios, na situação de concentração que para ela se requer. Tal só será viável desde que se recupere o trabalho de memória entendida em dois planos: o da memória técnico-operativa, que auxilia a leitura que dela carece e o da memória de longo alcance, que leva a valorizar textos do passado como fator de autoconhecimento coletivo e identitário.

4.1.1. Programa de Português: uma visão diacrónica

Como a implementação de um programa nunca é proposta em rutura com o passado, apresenta-se de seguida uma súmula dos textos programáticos e/ou diretrizes que precederam os PPEB, 2009 (Reis *et al.*, 2008), no sentido de se identificarem algumas variações nas linhas orientadoras do ensino da língua.

Comece-se pela reforma da instrução secundária de 1836 (Decreto de 17 de novembro), na medida em que se apresenta como um marco importante ao instituir a Língua Portuguesa como disciplina curricular. Tal como refere Rui Castro (1995: 21) "este facto assinala o reconhecimento da relevância do estudo da língua nacional no nível intermédio da escolaridade e constitui um momento-chave ao longo do processo de afirmação da sua pertinência pedagógica". Nos finais de século XIX, um novo programa é regulamentado pelo decreto de 14 de setembro de 1895 onde é atribuído à língua materna o estatuto de disciplina principal no plano de estudos: "O ensino da língua nacional ocupa um dos primeiros lugares no plano dos liceus, não só pela sua importância imediata e prática, mas ainda pela grande influência que exerce no desenvolvimento do espírito, quando metodicamente dirigido" (DG n.º 208, 1895: 2509-2510). Neste programa, os objetivos da disciplina apresentados na rubrica "Observações" referem-se ao domínio da produção oral, onde se menciona que a disciplina deve "ministrar a capacidade de falar com correcção"; ao domínio da produção escrita, visando-se "(...) facilidade e firmeza na escrita em breves redacções do género epistolar e descritivo"; ao da leitura ou capacidade de "(...) ler (...) com correcção"; e ao do conhecimento explícito da língua, campo onde se deve "ministrar (...) os conhecimentos e desenvolvimentos da morfologia (descritiva) e do essencial da sintaxe portuguesa" (DG, n.º 208, 1895: 2509-2510). Para além destes objetivos de carácter mais especializado, encontramos outros que incidem na valorização de dimensões como a memória, a imaginação, o sentido estético e o desenvolvimento moral. Este último é apresentado sob a forma de referência a valores: os "variados exercícios devem pôr em acção a memória em modo de simultaneamente real, ideal e verbal pela aquisição das ideias e palavras próprias que significam as causas e exprimem as ideias" (DG, n.º 208, 1895: 2509-2510).

No programa de 1905 (Decreto de 3 de novembro)[1] não aparecem explicitamente os objetivos para o ensino da disciplina de Português. Este programa é fundamentalmente constituído pela enumeração das atividades a realizar na aula, subordinada à indicação dos domínios de operacionalização e, ocasionalmente, por uma indicação dos conteúdos. O facto de uma vez ou outra remeter para o programa anterior leva a crer que se considera que os princípios antes estabelecidos se mantinham válidos (Castro, 1995: 231-232). As observações neste caso remetem para a organização do material de apoio, nomeadamente, os manuais escolares. Rui Vieira de Castro (1995: 232) refere também que a referência a programas anteriores é igualmente visível na relação que une os textos

[1] Publicado no Diário do Governo n.º 250 de 4 de novembro, de 1905, pp. 3865-3866.

programáticos de 1926 e 1919: "as observações que acompanham o programa de 1926 recuperam quase integralmente o texto de 1919, sendo poucas as alterações introduzidas".

No que concerne ao programa de 1919 (Decreto n.º 6 132 de 26 de setembro)[1], é apresentado um quadro com a distribuição das disciplinas nos cursos geral e complementar. Da sua análise verificamos a importância do Português no currículo ao ser-lhe atribuída uma carga horária superior às de outras áreas disciplinares. A disciplina de Português adquire também, neste programa, um estatuto de veículo de consolidação dos valores patrióticos e histórico-culturais, através de formulações que visam "(...) o engrandecimento de Portugal (...) e gerar no espírito dos alunos o amor pátrio e o orgulho da raça" (DG n.º 136, I série, 1919: 2048).

O programa de 1921, contextualizado pelo Decreto n.º 7 311, de 15 de fevereiro[2], revoga os textos programáticos de 1919 (Decreto n.º 6 203 de 7 de novembro) para o Ensino Primário Geral, e apresenta breves indicações sobre os domínios a exercitar (leitura, oralidade e escrita), por disciplina da I à V classes, sem se distinguirem conteúdos de métodos ou de atividades. As "*Instruções*" finais são igualmente genéricas, retomando aspetos citados anteriormente (Duarte, Veigas, Batalha, Pignatelli e Henriques, 2008: 24).

O programa de 1926 (Decreto n.º 12 594 de 2 de novembro)[3], embora recupere quase integralmente o texto de 1919, reforça o objetivo que visa o desenvolvimento da "capacidade de (...) ler e falar com correcção [a língua portuguesa]" para "entrar na compreensão dos textos lidos" e "sentir o prazer da leitura dos bons autores" (DG n.º 245, I série, 1926: 1775). Igualmente inclui uma nota nas "*Observações*" no sentido de alertar os professores para a importante função que a aula de Português se reveste enquanto meio de transmissão de valores morais e patrióticos: o professor "não deverá esquecer qua a aula de Português é uma das aulas do liceu em que melhor se pode desenvolver o sentimento nacional e a formação moral do aluno" (DG n.º 245, I série, 1926: 1775).

---

[1] Publicado no Diário do Governo n.º 136, I série, de 26 de setembro, de 1919, pp. 2047-2062.

[2] Publicado no Diário do Governo n.º 32, I série, de 15 de fevereiro, de 1921, pp. 110-116.

[3] Publicado no Diário do Governo n.º 245, I série, de 2 de novembro, de 1926, pp. 1774-1775.

Estes valores são igualmente recorrentes em programas posteriores, quer no de 1936, quer nos de 1948 e 1954, que basicamente remetem para o texto anterior. Segundo Castro (1995: 232-233), nestes três textos "os objectivos aparecem também expressos nas '*Observações*' que acompanham o programa e são referidos a cada um dos ciclos dos planos de estudos"

O programa de 1936 (Decreto n.º 27 085 de 14 de outubro)[1] é antecedido pelo Decreto-Lei n.º 27 084, igualmente de 14 de outubro, que promulga a reforma do ensino liceal e estipula a carga horária[2] e o currículo do ensino liceal, bem como os seus objetivos. Em termos estruturais, o programa de 1936 está organizado por ciclo e disciplina, detalhando-se a informação relativa a cada um dos anos que o constituem. No final de cada ciclo, aparecem "*Observações*" de teor pedagógico e metodológico que atribuem à disciplina de Português a responsabilidade no desenvolvimento da compreensão da ligação entre o "sentimento nacional da grandeza da Pátria" e a "tradição colonial" e do "sentimento nacional e [da] formação moral do aluno" sublinhando-se que a aula de Português é a que melhor se adequa a estas finalidades. Neste documento é ainda reiterada a necessidade de se desenvolver a "capacidade de (...) ler e falar com correcção (...) habilitando [o aluno] a alcançar a compreensão dos textos lidos e a sentir o prazer da boa leitura [e provocar] o necessário esforço para a expressão clara e correcta do seu pensamento em forma escrita" (DG n.º 241, 1936: 1244). Na consulta do programa da disciplina de Português, encontram-se, também, algumas referências aos conteúdos linguísticos a lecionar, designadamente, fonética, morfologia vocabulário, sintaxe e o cânone literário, principalmente a partir do 3.º ano.

No que se refere ao programa de 1948 (Decreto n.º 37 112, de 22 de outubro)[3], à semelhança da reforma do ensino de 1936, é antecedido do Decreto-Lei n.º 36 507 de 17 de setembro de 1948, que denota um particular cuidado com a adequação didática dos conteúdos. Com uma estrutura bastante idêntica à do programa anterior, apresenta, no entan-

---

[1] Publicado no Diário do Governo n.º 241, I série, de 14 de outubro, de 1936, pp.1243-1282.

[2] À disciplina de Português é atribuída a carga horária de cinco horas semanais no 1.º ciclo, três horas semanais no 2.º ciclo e cinco horas no 3.º ciclo.

[3] Publicado no Diário do Governo n.º 247, I série, de 22 de outubro, de 1948, pp. 1081-1179.

to, algumas diferenças e novidades que são mais visíveis a partir do 3.º ciclo. Por exemplo, no 1.º ano, a disciplina dedicada à língua materna passa a denominar-se "*Língua e História Pátria*", havendo já lugar para a "observação de particularidades estéticas rudimentares" (Duarte, Veigas, Batalha, Pignatelli e Henriques, 2008: 9; DG n.º 227, I série, 1948: 1081). As observações são deixadas para o final do documento e organizam-se em "*Finalidades do Ensino*" e na rubrica "*A Actividade na Escola*".

A reforma de 1954 dá origem a novos programas (Decreto n.º 39 807 de 7 de setembro)[1], que são em tudo similares aos anteriores, principalmente aos programas de 1948, tanto na estrutura como nas diretrizes emanadas. Este documento aparece igualmente sob a forma de guia por disciplina e por ciclo, contemplando, quer os conteúdos literários e linguísticos a estudar, quer indicações de natureza pedagógica e metodológica.

Bastante marcados pelo regime, os programas de 1936 a 1954 refletem o peso dos valores morais e nacionalistas preconizados pelo Estado Novo na educação. Tal como referem os autores acima citados, "veiculam a ideia de que compete à escola formar cidadãos com uma cultura geral ampla e com sólidos princípios de vida" (2008: 24). Acrescentam ainda que (Duarte, Veigas, Batalha, Pignatelli e Henriques, 2008: 25):

> Em ambos os programas, entende-se que a aula de língua portuguesa deve explorar os domínios da leitura e da expressão oral e escrita, embora se verifique uma preponderância da leitura sobre os outros domínios. Ainda que a gramática deva servir de suporte, a referência à leitura é constante, dando a entender que é prioritária, quer na criação de um estilo pessoal e na apropriação de bons modelos, quer no cultivo do gosto de ler, em especial pelo contacto com um acervo de obras que, pelo seu valor paradigmático, sustente a formação estética e moral dos alunos.

A Portaria n.º 23 601 de 9 de setembro[2], que institucionaliza o novo programa de 1968 para o ciclo preparatório do ensino secundário, atribui à disciplina de Língua Portuguesa uma nova função, a transversalidade: "[é] convicção geral que quanto maior for a destreza alcançada na prática oral e escrita da língua maior será o rendimento obtido no aprendizado

---

[1] Publicado no Diário do Governo n.º 198, I série, de 7 de setembro, de 1954, pp. 978-1071.

[2] Publicada no Diário do Governo n.º 213, I série, de 9 de setembro, de 1968, pp. 1379-1434.

das outras matérias" (DG n.º 213, I série, 1968: 1379), assim como é princípio fundamental o facto "de o estudo da língua portuguesa servir em coordenação todo o ensino do ciclo". O novo programa introduz ainda outras inovações. Como refere Rui de Castro (1995: 234):

> (...) este programa introduz inovações que não podem deixar de ser anotadas; entre elas, a relativização da "correcção" linguística, a multiplicação dos objectos passíveis de leitura, a desvinculação do desenvolvimento de atitudes positivas para com a leitura das práticas de leitura literária.

Importa também realçar os "Princípios Fundamentais de Actuação Didáctica" patentes neste programa, onde se destaca a importância da inteligência em detrimento da memória: é entendido que "a actuação didáctica deve assentar no próprio fundo psíquico do aluno, (...) de acordo com os seus interesses psicológicos e mentais, suscitando-lhe iniciativas e desenvolvendo-lhe o gosto de saber sempre mais (...)" (DG n.º 213, 1968: 1380). Igualmente importa realçar a ênfase dada às características diferenciais quer do meio, quer dos alunos e o papel que a Língua Portuguesa assume na integração do aluno no meio e nas suas tendências: a "aula de Língua Portuguesa (...) é uma fonte (...) de revelação das aptidões, das tendências, dos gostos, do temperamento e do carácter dos alunos" (DG n.º 213, 1968: 1380). De referir ainda que, um ano depois da publicação da *Nomenclatura Gramatical Portuguesa*, o programa refere que a terminologia a usar será "unicamente a do Programa e das Observações" (Duarte, Veigas, Batalha, Pignatelli e Henriques, 2008: 11).

A década de 70 representa um marco importante no percurso que se tem vindo a traçar. Rui de Castro salienta esse facto ao afirmar que "a bidimensionalidade da disciplina de Português (...) é, porventura, radical, já que encontra expressão em momentos de mudança curricular que ocorrem no âmbito de reorganizações do sistema educativo marcadas por distintas orientações ideológicas" (1995: 234). O mesmo autor menciona ainda (1995: 234), que, no programa de 1975 para no 7º ano de escolaridade, apresentado num momento de rutura com os ideais políticos então vigentes e a reestruturação do sistema educativo, são referidos, como objetivos fundamentais da disciplina "o desenvolvimento da capacidade de comunicação" e de atitudes e capacidades que criem um espírito de alerta e de intervenção constantes frente às transformações e pressões do mundo em que se vive. Por outro lado, o programa inclui, pela primeira vez, ao nível das metas, uma referência à função igualizadora da educação ao estabelecer-se como objetivo da disciplina, "ultrapassar carências verbais resultantes de condicionalismos socioculturais" (Castro, 1995: 234). Além destas razões, o autor refere ainda que este programa marca o aparecimento de referências ao desenvolvimento da capacidade de comunicação como objetivo estruturante da disciplina de Português, sob a forma de "desenvolver a capacidade de comunicação pelo domínio progressivo da língua portuguesa" (Castro, 1995: 235).

O programa de 1978, nomeadamente, o do Ensino Primário, demarca-se literalmente dos anteriores no que concerne à estrutura. Constituído por uma "Introdução" que dá conta do trabalho prévio à elaboração do novo documento orientador, divide-se em "Objectivos Gerais do Ensino Primário", "Objectivos Metodológicos", "Objectivos Programáticos" e "Comportamentos Científicos". No fundo, tinha como objetivo "[e] stimular o esforço para a efetivação de projetos pedagógicos adequados às exigências do desenvolvimento global das crianças no mundo de hoje e no país que construímos" (Duarte, Veigas, Batalha, Pignatelli e Henriques, 2008: 22).

Por outro lado, os programas do Ensino Primário Preparatório (1.º ano) e Secundário (7º e 8º anos) (1979) disponibilizam uma listagem de objetivos gerais, transversais às várias disciplinas do currículo, para as quais são formulados diversos objetivos no âmbito da disciplina de Português. A nota introdutória do programa do Ensino Primário Preparatório refere que "o objectivo fundamental do programa de Português, língua materna, é o desenvolvimento da competência comunicativa" (Duarte, Veigas, Batalha, Pignatelli e Henriques, 2008: 12). Salienta-se igualmente a importância de "o estudo da língua materna ser praticamente sempre em situação textual", assim como de a composição escrita dever ser "praticada constantemente" (Duarte, Veigas, Batalha, Pignatelli e Henriques, 2008: 12). Neste documento também não se estabelece qualquer divisão de conteúdos para o ensino preparatório e secundário, pelo que "a Portaria n.º 574/79 de 31 de outubro, viria clarificar quais os conteúdos programáticos a leccionar nos 7º e 8º anos, fornecendo ainda uma sugestão de núcleos temáticos (...), bem como uma lista de obras de autores" (Duarte, Veigas, Batalha, Pignatelli e Henriques, 2008: 13).

Os textos programáticos de 1981 reestruturam o documento que estava em vigor desde 1975/76, com vista à clarificação de atividades, objetivos e temas. O programa organiza-se em torno de quatro pontos; "Introdução", "Temas", "Objectivos" e "Desenvolvimento do Programa".

Quanto ao funcionamento da língua, salvaguarda a necessidade de evitar uma abordagem da língua como objeto de estudo, propondo exercícios do tipo de testes sintáticos para fomentar a autoaprendizagem pela descoberta (Duarte e Veigas e Batalha e Pignatelli e Henriques, 2008: 15). Já Vieira de Castro (1995: 235) menciona que estes textos programáticos apresentam características relativamente diferenciadas consoante o ciclo da escolaridade a que se referem. Enquanto o programa para o Ensino Preparatório visa "proporcionar situações que favoreçam melhorias qualitativas no uso e conhecimento da língua, de modo a remediar as desigualdades entre alunos e a garantir o progresso no domínio efetivo da língua oral e escrita", o do Ensino Unificado retoma o conceito histórico de correção: "comunicar oralmente e por escrito com correcção e elegância", sinal de maior valorização da normatividade da língua (Castro, 1995: 237-238). A partir deste momento, as reformulações ocorrem no âmbito da Reforma do Sistema Educativo iniciada em 1986, mais concretamente com os programas de 1991.

Os programas de 1991 surgem no contexto da Reforma consignada no Decreto-Lei n.º 286/89 de 29 de agosto, que consigna a valorização do ensino da Língua Portuguesa "como matriz identidade e como suporte de escolhas múltiplas" (Duarte, Veigas, Batalha, Pignatelli e Henriques, 2008: 15). Para a sua operacionalização são disponibilizados dois documentos complementares de apoio aos docentes, no caso do 2.º ciclo: o volume I. "Organização Curricular e Programas" e o volume II "Plano de Organização do Ensino-Aprendizagem", onde figuram os conteúdos e os processos de operacionalização, por ano de escolaridade. No volume I, faz-se uma apresentação da organização curricular de Ensino Básico, com indicações genéricas relativas a cada programa, distribuídas por "Introdução", "Finalidades" e "Objectivos Gerais", "Conteúdos" "Ouvir/falar", "ler" e "escrever", "Orientações Metodológicas" e "Avaliação". O segundo volume apresenta processos de operacionalização dos conteúdos, assim como um conjunto de indicações metodológicas e de sugestões bibliográficas, que visam complementar os programas base em instrumentos que orientem de forma mais precisa o processo de ensino-aprendizagem.

De acordo com os textos introdutórios do programa (volume I) reconhece-se a língua materna como instrumento de estruturação individual e como elemento mediador entre o indivíduo e o mundo. Também é reconhecido que o domínio da língua materna, "como factor de transmissão e apropriação dos (...) conteúdos disciplinares, condiciona o sucesso escolar" (DGEBS, 1991a: 51). Deste facto advém uma multiplicidade de finalidades, na sua maioria de carácter genérico, e objetivos gerais. Dos objetivos apresentados no programa sobressai a ideia de que o trabalho desenvolvido na aula de Língua Portuguesa estará centrado em práticas de língua que visam o desenvolvimento das competências envolvidas na comunicação verbal. Esta tónica em conteúdos funcionais e comunicações foi acompanhada de uma desvalorização da gramática, que "assumia um papel menor ou meramente instrumental" (Silva e Pereira, 2017: 109), em consequência, entre outras razões, da influência da metodologia comunicativa dominante no ensino de línguas estrangeiras, como bem assinala Inês Duarte ao afirmar que "a reflexão gramatical sofreu nas últimas décadas em Portugal uma significativa diminuição de espaço e peso" (2000: 55). No documento "Organização Curricular e Programas" (DGEBS, 1991a), a predominância da orientação comunicativa é visível, ora nas modalidades do uso da língua agrupadas na compreensão (ouvir/ler) e na produção (falar/escrever), ora na consideração do funcionamento da língua afastado do domínio metalinguístico.

No que concerne aos conteúdos nucleares relativos aos domínios ouvir/falar, ler e escrever, o programa giza para a comunicação oral a "Expressão Verbal em Interação", "Comunicação Oral Regulada por Técnicas" e "Compreensão de Enunciados Orais"; para a leitura, a "Leitura Recreativa", a "Leitura Orientada" (narrativa e poesia), nomeadamente literatura em língua portuguesa, clássicos universais e outros textos de matéria tradicional ou de reconhecido valor estético e por fim "Leitura para Informação e Estudo"; na escrita determina a "Escrita Expressiva e Lúdica", "Escrita para Apropriação de Técnicas e Modelos" e o "Aperfeiçoamento do Texto" (DGEBS, 1991a: 57).

O "Currículo Nacional do Ensino Básico – Competências Essenciais (CNEB)" publicado em 2001, que serviu de base para o programa de 2009, em conjunto com outros textos programáticos e orientadores, veio estabelecer

> (...) os princípios orientadores da organização curricular do ensino básico, bem como da avaliação das aprendizagens e do processo de desenvolvimento do currículo nacional, entendido como o de aprendizagens e competências, integrando os conhecimentos, as capacidades, as atitudes e os valores, a desenvolver pelos alunos ao longo do ensino básico, de acordo com os objectivos consagrados na Lei de Bases do Sistema Educativo [Lei n.º 46/86 de 14 de outubro] para este nível de ensino (Decreto-Lei n.º 6/2001 de 18 de janeiro).

Com base neste Decreto-Lei n.º 6/2001 de 18 de janeiro, são definidas as competências essenciais, gerais e específicas[1] a desenvolver durante a escolaridade básica nas várias áreas disciplinares e ciclos. É também considerado que (Reis *et al.*, 2009: 14):

> (...) a disciplina de Português deve apontar para um conjunto de metas que, em geral, contemplam aspectos essenciais da utilização da língua: a compreensão de discursos, as intenções verbais, a leitura como actividade corrente e crítica, a escrita correcta, multifuncional e tipologicamente diferenciada, a análise linguística com propósito metacognitivo, etc.

Em suma, este documento constitui, em si mesmo, um guia para a elaboração de projetos de escola e uma orientação para perspetivar uma progressão das aprendizagens curriculares, e contribui para uma visão interdisciplinar dos objetivos.

Pelo exposto verifica-se que os programas institucionalizados para a disciplina de Língua Portuguesa/Português ao longo dos anos visaram uma adaptação a realidades distintas, tanto na vida escolar como do meio, nomeadamente no campo das ideologias políticas, sempre numa perspetiva de otimizar o desempenho.

4.2. Os Programas de Português do Ensino Básico – 2009

Os PPEB foram implementados no ano letivo 2011/2012, depois de um vasto trabalho desenvolvido por um grupo de professores apoiados por diversos consultores e pela Direção Geral de Inovação e Desenvolvimento Curricular (DGIDC); e terá constituído "porventura, o documento normativo para a educação linguística em Portugal mais bem fundamentado, construído e divulgado nas últimas décadas" (Silva e Pereira, 2017: 111), como já se referiu. Partindo de um paradigma de mudanças, este documento foi delineado com a preocupação de dar sequência a textos fundadores, designadamente os programas de 1991 que o antecederam. Documentos já mencionados como o CNEB (2001) onde se definem as "competências gerais" e as "competências específicas" para cada um dos ciclos do Ensino Básico, o PNEP (2006), o PNL (em desenvolvimento

---

[1] Nos domínios do oral (compreensão e expressão oral), escrito (leitura e expressão escrita) e do conhecimento explícito da língua. Veja-se que com o CNEB, a oralidade surge como competência autónoma, subdividindo-se em compreensão oral e expressão oral.

desde 2007) e o DT (2008) são referências de enquadramento curricular e/ou orientação pedagógica. Outros documentos de fundamentação bibliográfica como as atas da "Conferência Internacional sobre o Ensino do Português" (Lisboa, 2007) constituem também um importante recurso, uma vez que as recomendações emanadas dessa conferência podem contribuir para reajustar e mesmo corrigir aspetos importantes do ensino do português (Reis *et al.*, 2009: 4). Estes programas apresentam-se assim como um documento integrador, que sistematiza e tem por base reflexões das várias publicações-chave para apoiar o processo de ensino e aprendizagem. É também um documento de simplificação porque permite a condensação das competências, conteúdos e descritores de desempenho referentes aos três ciclos num só único documento. Desta feita, pode-se considerar uma mais-valia, na medida em que facilita o trabalho do docente, que passa a utilizar um só documento com toda a informação organizada, em vez dos vários a consultar anteriormente.

Uma vez que tais programas implicam uma série de mudanças, foi ainda elaborado um conjunto de documentos que, além de contextualizarem o processo de revisão dos programas, visam proporcionar aos docentes exemplos de formas de operacionalização do que é preconizado no texto programático. Entre esses documentos, está um conjunto de guiões de implementação dos programas dedicados às quatro competências nucleares que estruturam o documento – a Leitura, a Escrita, o Conhecimento Explícito da Língua e o Oral. Outro aspeto inovador é a relevância dada às novas tecnologias da informação e comunicação (TIC), que devem ser utilizadas como instrumentos de apoio ao trabalho desenvolvido com os alunos, dadas as suas vantagens como recurso a nível do acesso e tratamento de informação e na apresentação, produção e revisão de trabalho criativo (Reis *et al.*, 2009: 5).

Relevante também é a importância atribuída aos textos literários com a defesa de um *corpus* textual flexível, com textos de diferente natureza e complexidade (Reis *et al.*, 2009: 5). Este facto torna-se importante, uma vez que permite aos alunos o contacto com uma maior variedade de produções textuais e, consequentemente, ajuda na criação de momentos interculturais conducentes ao alargamento das suas experiências e ao desenvolvimento da sua proficiência linguística. Esta confrontação não só permitirá ao aluno valorizar as suas raízes culturais e linguísticas, como também o seu desenvolvimento enquanto agente educativo dessa cultura quando a transmitir. Para esse efeito terá a escola/professor um papel preponderante na sua função de facilitador de oportunidades educativas diversificadas. Do mesmo modo, foi ponderada nos programas de 2009 "(...) a necessidade de se acentuar, no ensino do português uma componente de reflexão expressa sobre a língua, sistematizada em processos de conhecimento explícito do seu funcionamento (...)", no seguimento das recomendações da CIEP (Reis *et al.*, 2009: 5).

Fator delicado no contexto dos novos programas será também a seleção do manual escolar de Português. Atribuindo-lhe um papel de verdadeiro auxiliar pedagógico, que não deve sobrepor-se aos programas, a sua escolha reveste-se da maior importância, na medida em que terá de se avaliar se se adequa ao tipo de anualização a implementar e se promove um conjunto de percursos processuais que se adequem ao desenvolvimento das competências visadas pelos programas (Reis *et al.*, 2009: 9). Outro dos aspetos também considerado significativo é a importância atribuída à oralidade. Embora a comunicação oral tenha sido sempre considerada em contexto de sala de aula, o seu papel foi sempre complementar relativamente a outras atividades e não tanto tida como atividade em si mesma, com objetivos e procedimentos próprios.

Em suma, pode-se concluir que os programas de 2009 procuram responder à constante evolução da sociedade, introduzindo na sua elaboração "novidades" e reforços pertinentes e que indubitavelmente constituirão uma mais-valia para o ensino do português, com as salvaguardas que a sua aplicação pode requerer.

4.2.1. Questões estruturantes e programáticas

Os PPEB (2009) apresentam um conjunto de novidades de carácter estruturante e programático, que implicam algumas mudanças no processo do ensino-aprendizagem. De entre essas mudanças, há a salientar a forma como os programas se encontram estruturados, ou seja, com base numa matriz que é comum aos três ciclos do Ensino Básico. Este facto permite aos docentes terem uma visão geral dos programas e terem sempre presente as metas que cada aluno deve alcançar no final de cada ciclo através dos descritores de desempenho.

Para além disso, está subjacente a ideia de progressão. Os PPEB (2009) reconhecem que "os três ciclos traduzem uma progressão constante, obrigando a ponderados cuidados de gestão curricular nos momentos de passagem entre eles" (Reis *et al.*, 2009: 8). A aprendizagem será então vista como um "*continuum* em que o saber se alarga, se especializa, se complexifica e se sistematiza" ao longo dos três ciclos e de forma a evitar repetições desnecessárias e pouco vantajosas para o desenvolvimento da aprendizagem (Reis *et al.*, 2009: 10). Este facto exige que se considere o retorno a diferentes conteúdos, sempre numa perspetiva de progressão e de aprofundamento. Por outro lado, nestas mudanças está incluído o novo papel do professor, a quem é permitida "uma certa liberdade de movimentos, permitindo-lhe fazer interagir aquilo que nos programas está enunciado com a concreta realidade das turmas e dos alunos de português" (Reis *et al.*, 2009: 8).

O facto de se atribuir ao professor um papel primordial na gestão curricular corrobora a importância da autonomia do professor enquanto gestor de conteúdos programáticos propostos pelo Ministério de Educação e, por outro lado, reconhece-se a heterogeneidade que caracteriza o contexto escolar português, que engloba realidades muito específicas e distintas. As situações consideradas nos novos programas resultam, assim, de uma partilha de responsabilidades entre o Ministério da Educação e Ciência, a quem cabe a definição de um conjunto de competências, às quais associou um núcleo de conteúdos distribuídos pelos três ciclos do Ensino Básico, e a cada escola/professor que ficará responsável por definir o percurso que entenda adequado para os seus alunos, em função das suas características particulares, em harmonia com o que for estabelecido pelo Projeto Educativo da Escola (PEE) e muito particularmente pelos Projetos Curriculares de Turma (PCT) (Reis *et al.*, 2009: 9).

A filosofia que enquadra os novos programas atribui, deste modo, uma responsabilidade acrescida ao professor de Português. Para poder selecionar os conteúdos a desenvolver por competência em cada ano escolar, terá de ter em consideração um conjunto de outros elementos: as metas definidas pelo Ministério da Educação e Ciência e que funcionarão como marcos orientadores da prática a desenvolver e os conteúdos programáticos relativos ao ciclo anterior (ou aos ciclos anteriores); o perfil dos alunos em termos de saber e de saber-fazer; e o tipo de progressão que pretende implementar em função da realidade em que se operacionaliza o currículo. Destas necessidades advém uma evidência: a planificação não poderá ser um elemento estático, mas antes dinâmico, em constante atualização e reformulação. Esta realidade não implica, como se refere nos próprios programas, que a gestão dos conteúdos passe a ser uma atividade completamente aleatória; exige, antes, que se contemplem as realidades objetivas da sala de aula, no sentido de conduzir os alunos às metas esperadas (Reis *et al.*, 2009: 9). Por outro lado, o facto de pertencer à escola ou ao professor a responsabilidade pela anualização dos conteúdos programáticos vai exigir que estes, em início de ciclo, pensem a distribuição de conteúdos ao longo de todo o ciclo, já que o desenho curricular adotado no programa "rege-se pela unidade alargada que é o ciclo" (Reis *et al.*, 2009: 9).

Outra mudança a nível da organização programática é o desdobramento do primeiro ciclo em duas etapas: a primeira compreende o 1.º e 2.º anos de escolaridade, e aponta para a adaptação do aluno à escola e ao novo meio em que se insere, dando-se assim um maior relevo à comunicação oral na sua função de carácter adaptativo, mas desempenhando também uma função de capacitação, à medida que estes interagem com a língua materna fazendo perguntas, descrevendo acontecimentos, contando as suas experiências, falando sobre os seus anseios, etc. É também nesta altura que a maioria dos alunos toma consciência da correspondência entre a língua falada e escrita e que desperta o seu interesse por esta dinâmica, devendo ser-lhes facultadas experiências de aprendizagem aliciantes que os motivem e despertem o seu interesse e curiosidade. Após a interiorização das principais relações entre os sistemas fonológico e ortográfico, que devem ser desenvolvidas nos dois primeiros anos, como condição básica para a aprendizagem da leitura e da escrita, inicia-se a segunda etapa, respeitante aos 3.º e 4.º anos. Esta etapa tem como principal função o desenvolvimento e consciencialização do aluno para a aprendizagem da escrita nas suas diversas componentes: organização textual, uso da pontuação, correção ortográfica, utilização de estruturas sintáticas mais organizadas e complexas, assim como o progressivo aumento do vocabulário. Este trabalho sobre a língua deve ser realizado simultaneamente em atividades de oralidade, de escrita, mas também em oficinas de trabalho, com o objetivo de sistematizar e aplicar conceitos. Paralelamente a este aprofundar do conhecimento, deve ser desenvolvida a compreensão e interpretação textual, e realizadas atividades que desenvolvam o gosto pela leitura e formem alunos leitores (Reis *et al.*, 2009: 22-23).

4.2.2. Fundamentos, conceitos-chave e organização programática

Tal como na maioria dos países desenvolvidos, a sociedade portuguesa encontra-se em constante mutação. Os desafios que se colocam à escola, como agente de educação, são inúmeros, o que tem levado à redefinição do seu papel, por exemplo na delimitação dos saberes e aos modos de promover a sua transmissão e aquisição. Em contexto escolar, é através da língua de escolarização (neste caso, o português) que se transmite e constrói o conhecimento, ou seja, é através dela que o aluno interage com o(s) professore(s) das diversas disciplinas e por conseguinte com os saberes que as constituem. A língua portuguesa adquire assim funções que ultrapassam largamente o seu âmbito estrito, projetando-se noutros espaços curriculares: "[a] nossa língua é um fundamental instrumento de acesso a todos os saberes; e sem o seu apurado domínio, no plano oral e no da escrita, esses outros saberes não são adequadamente representados" (Reis *et al.*, 2009: 6). Por este facto, a aprendizagem do português define-se como componente fundamental da formação escolar e está diretamente relacionada com o sucesso escolar, pois "sendo a língua de escolarização do nosso sistema educativo, o Português afirma-se, (...) como um elemento de capital importância em todo o processo de aprendizagem, muito para além das suas fronteiras" (Reis *et al.*, 2009: 612). Aliás, a importância do domínio da língua na formação global dos alunos, já era reconhecida e valorizada na Lei de Bases do Sistema Educativo (Lei n.º 46/86, de 14 de outubro, art.º 47º, 7):

> O ensino-aprendizagem da língua materna deve ser estruturado de forma que todas as outras componentes curriculares dos ensinos básico e secundário contribuam de forma sistemática para o desenvolvimento das capacidades do aluno ao nível da compreensão e produção de enunciados orais e escritos em português.

O Decreto-Lei n.º 286/89, de 29 de agosto (no seu art.º 9.º, 3) consubstancia este aspeto quando considera que:

> (...) todas as componentes curriculares dos Ensinos Básico e Secundário intervêm no ensino-aprendizagem da língua materna, devendo contribuir para o desenvolvimento das capacidades do aluno ao nível da compreensão e produção de enunciados orais e escritos em português.

O mesmo aspeto é salientado no Decreto-Lei n.º 6/2001 de 18 de janeiro ao referir que: "a educação para a cidadania bem como a valorização da língua portuguesa e da dimensão humana do trabalho constituem formações transdisciplinares, no âmbito do ensino básico" (art.º 6.º, 1).

Num outro plano há a considerar que "(...) a aprendizagem do português [se] encontra directamente relacionada com a configuração de uma consciência cultural (...)", através da modelização de componentes de natureza genericamente cultural histórica, social, artística, geográfica, simbólica, etc., assumindo particular relevância o texto literário (Reis *et al.*, 2009: 12). É assim visível a "centralidade" que a língua materna adquire no processo de aprendizagem dos alunos com uma disciplinar multidimensional e como

> (...) construtora dos mecanismos da identidade e da relação interindividual, como modelizadora de mundos no plano real ou do imaginário, como território simbólico onde, afinal, se geram, enraízam e renovam a cultura e a memória das comunidades e das nações (Amor, 2003: 11).

Nos PPEB (2009) salientam-se ainda diversos conceitos-chave, uns de carácter inovador, como é o caso de *desempenho* que "designa aquilo que se espera que o aluno faça, após uma experiência de aprendizagem" (Reis *et al.*, 2009: 17) e *resultados esperados* que "projectam um conjunto de expectativas pedagógicas, formuladas em termos prospectivos, regidas e estruturadas em função das competências específicas que se encontram enunciadas no Currículo Nacional do Ensino Básico" (Reis *et al.*, 2009: 23-24). São ainda de salientar conceitos como *descritores de desempenho* que se apresenta como um enunciado sintético, preciso e objetivo do que os alunos deverão ser capazes de fazer e *indicador de desempenho*, que é passível de quantificação e está associado às operações de controlo, regulação ou avaliação (Reis *et al.*, 2009: 17). Outros conceitos provêm do CNBE embora pontualmente reajustados, como é o caso de *competências* e *conteúdos*. No que se refere às *competências* – "conjunto dos conhecimentos e das capacidades que permitem a realização de acções, bem como a compreensão dos comportamentos de outrem" (Reis *et al.*, 2009: 15) –, há que referir que estas têm a ver com um conjunto de atividades, de volições e de valorações resumidas em quadro grandes eixos: o da experiência humana, onde se situa a tensão entre a individualidade e a comunidade; o da comunicação linguística, dominado pela interação do sujeito linguístico com os outros; o do conhecimento linguístico, centrado na progressiva capacidade de descrição da língua e na sua utilização; e finalmente o eixo do conhecimento translinguístico, remetendo para a relação da língua com a aquisição de outros saberes (Reis *et al.*, 2009: 13).

De entre as competências há a considerar (Reis *et al.*, 2009: 15-16): (i) as *gerais*, "que permitem realizar actividades de todos os tipos, incluindo as actividades linguísticas" (Reis *et al.*, 2009: 15) e que incluem várias subcompetências; (ii) as *linguístico-comunicativas*, que permitem a comunicação em geral; (iii) as *específicas* às modalidades oral e escrita; e transversal a todas estas competências é (iv) o conhecimento explícito da língua, que é resultado de instrução formal.

Os *conteúdos* são (Reis *et al.*, 2009: 16):

> (...) de natureza conceptual e descritiva e activam competências metalinguísticas, metatextuais e metadiscursivas, como resultado de uma reflexão pedagogicamente orientada sobre situações e usos particulares da língua e visando o conhecimento sistematizado da estrutura e das práticas do português-padrão.

Na organização programática, os conceitos enunciados são apresentados em quadros que integram as orientações programáticas do Português respeitantes aos três ciclos que integram o programa e se articulam entre si; quadros estes que integram a definição de competência específica do Português, os descritores de desempenho, os conteúdos e ainda as notas. Os descritores de desempenho são apresentados agrupados em grandes linhas orientadoras e referem-se àquilo que o aluno deve ser capaz de fazer como resultado de uma aprendizagem conduzida em função do estádio de desenvolvimento linguístico, cognitivo e emocional em que ele se encontra, bem como das etapas que antecederam esse momento. A partir da análise dos quadros, mais facilmente nos apercebermos de que a articulação interciclos se consubstancia no princípio de progressão, à luz da noção de que o processo de ensino-aprendizagem da língua progride por patamares sucessivamente consolidados. Assim, o processo de ensino-aprendizagem apresenta-se como «movimento» apoiado em aprendizagens anteriores. Como tal, o desenvolvimento do currículo é contínuo.

Em síntese, os PPBE (2009) caracterizam-se pelo entendimento do ciclo como eixo estruturante do desenvolvimento curricular, apontando para uma programação contextualizada e flexível dos conteúdos e das oportunidades de aprendizagem. Caracterizam-se, também, pela conceção do Professor de Português como agente do desenvolvimento curricular e por se basear numa matriz comum aos três ciclos do Ensino Básico, valorizando o princípio da progressão/articulação vertical, assente em aprendizagens significativas, na mobilização de conhecimentos prévios e em níveis crescentes de complexidade.

CAPÍTULO III

ESTUDO EMPÍRICO

Após a realização da fundamentação teórica essencial para enquadrar e contextualizar a temática em estudo, torna-se necessário abordar a fase metodológica. O estudo corresponde a uma pesquisa de tipo qualitativo/descritivo que teve como base uma abordagem aos documentos reguladores das ações pedagógicas: o programa de Português do ensino básico (PPEB, 2009) e os manuais escolares. Os primeiros com o intuito de averiguar quais os princípios orientadores considerados fundamentais na organização do ensino e aprendizagem do Português, uma vez que constituem o produto da 'política educativa'; os segundos por serem o lugar de excelência onde se estabelece a ligação entre o proposto nos textos programáticos e o nível de 'realização da ação educativa', materializado em situações concretas de aula (Castro, 1995: 52-53).

Foi precisamente na análise dos PPEB (2009) em vigor a partir do ano letivo 2011/2012 e de alguns manuais escolares que assentou o presente estudo, norteado pela convicção de que a grande finalidade da disciplina de Língua Portuguesa/Português é o desenvolvimento e aperfeiçoamento das competências comunicativas dos alunos, tanto no domínio da perceção (ouvir e ler), como no domínio da produção (falar e escrever). A restante literatura que sustentou a base teórica é relativa ao ensino da Língua Portuguesa, no que diz respeito à comunicação. Foram consultados vários estudos para melhor contextualizar o tema em análise no que se refere aos aspetos teóricos da comunicação verbal e suas práticas.

Na linha da sucessividade de programas e documentos orientadores, entendeu-se pertinente uma análise diacrónica sobre o ensino em Portugal e muito particularmente sobre os Programas de Língua Portuguesa/Português. Foi também analisada a perspetiva do manual escolar no contexto do sistema educativo, nomeadamente, as suas características, estatuto e funções e o seu papel na promoção da comunicação verbal numa perspetiva diacrónica. Para este fim foi consultada alguma legislação e diversos estudos.

Por fim, foram analisados seis manuais escolares de Língua Portuguesa do 5.º ano de escolaridade, que correspondem aos manuais adotados nas escolas no distrito de Évora onde é ministrado o 2.º ciclo. Por uma questão de funcionalidade, os manuais são identificados através de letras maiúsculas de A a F ao longo deste trabalho:

- Costa, Fernanda e Luísa Mendonça (2011). *Diálogos Língua Portuguesa - 5.º ano*. Porto: Porto Editora – Manual A (**MA**).
- Silva, Pedro, Adriana Simões, Elsa Cardos, Rita Mendes e Sónia Costa (2011). *Dito e Feito – Língua Portuguesa - 5.º ano*. Porto: Porto Editora, 2011 – Manual B (**MB**).
- Santiago, Ana e Sofia Paixão (2011) *P5 – Português - 5.º ano*. Lisboa: Texto Editores – Manual C (**MC**).
- Soares, Ana Marta Branco (2011). *Porta Viagens – Português - 5.º ano*. Lisboa: Texto Editores – Manual D (**MD**).
- Mota, Abel (2011). *Pretextos 5 – Língua Portuguesa - 5.º ano*. Porto: Areal Editores – Manual E (**ME**).
- Trindade, Graça, Madalena Relvão e Maria de Lourdes Santos (2011). *Etapas 5 – Língua Portuguesa - 5.º ano*. Lisboa: Edições Asa – Manual F (**MF**)

No quadro seguinte apresentam-se os manuais escolares e a sua distribuição pelas escolas do distrito onde foi lecionado o 2.º ciclo.

Quadro 2 – Distribuição dos manuais escolares e alunos/turmas pelas escolas básicas do distrito de Évora

Concelhos	Escolas	N.º de alunos de 5.º ano/Turmas		Manuais adotados
Alandroal	Escola Básica Diogo Lopes Sequeira	36	2	ME
Arraiolos	Escola Básica e Secundária Cunha Rivara	-*	-*	ME
Borba	Escola Básica Padre Bento Pereira	64	3	MD
Estremoz	Escola Básica Sebastião da Gama	126	6	MA
Évora	Escola Básica da Malagueira	138	8**	MC
	Escola Básica André de Resende	175	7	MC
	Escola Básica Santa Clara	117	5	MF
	Escola Básica Conde Vilalva	143	7	MA
	Externato Oratório S. José	-*	-*	ME

Montemor-o-Novo	Escola Básica São João de Deus	158	8	MA
Mora	Escola Básica e Secundária Mora	39	2	MA
Mourão	Escola Básica de Mourão	43	2	MF
Portel	Escola Básica D. João de Portel	56	3	MA
Redondo	Escola Básica e Secundária Dr. Hernani Cidade	68	3	MB
Reguengos de Monsaraz	Escola Básica n.º 1 de Reguengos de Monsaraz	-*	-*	MC
Vendas Novas	Escola Básica n.º 1 de Vendas Novas	108	5	MC
	Colégio de Laura Vicunha	-*	-*	MC
Viana do Alentejo	Escola Básica e Secundária Dr. Isidoro de Sousa	29	2	MD
	Escola Básica de Alcáçovas	-*	-*	MA
Vila Viçosa	Escola Básica D. João IV	69	3	MA

* Não devolveram questionário enviado às escolas para recolha de dados
** 2 turmas de PCA e 1 turma de surdos (um aluno)

A análise propriamente dita foi processada em três fases. Numa primeira fase procedeu-se à caracterização de cada manual, nomeadamente o que se refere à sua estrutura e organização. Na segunda procedeu-se à análise dos manuais escolares com principal enfoque para as modalidades de comunicação verbal. Uma vez que, como já foi referido, os manuais escolares são constituídos por textos/trechos que constituem a origem da maioria das atividades, considerou-se importante analisar e classificar os textos segundo tipos e modos literários. Seguidamente, fez-se o levantamento das atividades associadas aos textos/trechos e procedeu-se à sua classificação em função dos diferentes domínios – oralidade, leitura e escrita e ainda no CEL. Pretendia-se, assim, determinar a frequência com que os diferentes domínios verbais são instituídos como objeto da atividade proposta e analisar as tendências no que respeita aos domínios mais privilegiados bem como, as orientações programáticas pelas quais se regem e a sua adequação ao desenvolvimento das competências de ler, escrever e falar.

Para realizar a análise que este estudo requer foi necessário construir instrumentos que sustentassem o levantamento da informação, pelo que foram elaboradas grelhas para melhor sistematização da informação recolhida.

- *Grelha 1*, para registar/classificar as diferentes atividades propostas em cada manual nos quatro domínios: leitura, oralidade (compreensão e expressão oral, escrita e CEL.

• *Grelha 2*, para registar o número total de atividades propostas nos seis manuais escolares nos diferentes domínios.

Com estas grelhas procedeu-se a uma análise manual a manual, o que permitiu a recolha de dados que levaram às conclusões finais.

Para a grelha de registo/classificação de dados (Quadro 3), fez-se o levantamento das secções/unidades que compõem cada manual e respetivas atividades permitindo aferir o total de atividades, por secção e por manual.

Quadro 3 – Grelha 1 – Atividades e Competências – Manual ______________

Título do manual escolar					
Secção do manual	**Atividades**	**Competência**			
		Leitura	**Oralidade**	**Escrita**	**CEL**

No que se refere à Grelha 2 (Quadro 4), foi construída a partir da primeira. Nela foi registada a totalidade dos dados referentes à frequência absoluta de cada domínio permitindo desta forma uma análise comparativa entre manuais, a par da discussão dos resultados, correspondendo a uma terceira fase deste estudo.

Quadro 4 – Grelha 2 - Frequência de atividades no domínio da leitura escrita, oralidade e CEL nos manuais escolares

Atividades	**Manuais Escolares**					
	MA	MB	MC	MD	ME	MF
Leitura						
Oralidade						
Escrita						
CEL						

1. Organização geral dos manuais

De um modo geral, os manuais escolares estão organizados por secções/unidades que diferenciam os vários tipos de texto, temáticas e/ ou os vários conteúdos a estudar. O modo como cada manual apresenta cada parte é diferente, embora todos optem pela diferenciação por cores para melhor facilitar a sua identificação, o que nem sempre é bem visível nalguns manuais. Em cada secção/unidade dos manuais são apresentados vários textos literários e não literários que se consideram "textos principais" e atividades de diversos tipos, a realizar, tendo-os como base. Cada tipo de atividade está nitidamente identificado com uma terminologia que aponta para as quatro competências específicas a desenvolver (leitura, oralidade, escrita e CEL). Os textos são geralmente acompanhados por ilustrações, cuja função é essencialmente decorativa. No entanto, há casos em que as ilustrações fazem parte integrante das questões ou exercícios, ultrapassando o papel meramente decorativo, ao colocar o aluno perante a necessidade de encarar a imagem como portadora de informação.

Todos os manuais indicam claramente através do título a disciplina a que dizem respeito, bem como o ano escolar e a autoria relativamente aos conteúdos científicos. Contudo, dos seis manuais analisados, quatro adotaram a terminologia "Língua Portuguesa" para designar a disciplina, enquanto dois optaram pela terminologia "Português", mais de acordo com a do PPEB (2009). De salientar, ainda, que todos os manuais, à exceção do MD, referem o(s) respetivo(s) revisor(es) científico(s), mas nenhum se encontra certificado conforme a Lei n.º 47/2006 de 28 de agosto, que estipula que os manuais escolares sejam avaliados e certificados para que possam ser adotados pelos professores de forma a

> (...) garantir a qualidade científica e pedagógica dos manuais a adotar, assegurar a sua conformidade com os objectivos e conteúdos do currículo nacional e dos programas ou orientações curriculares em vigor e atestar que constituem instrumento adequado de apoio ao ensino e à aprendizagem e à promoção do sucesso educativo (art.º 7º, 2).

No início, cada manual apresenta uma dupla página, através da qual os autores procuram explicar ao aluno a organização do manual escolar, uma vez que é entendido como um "recurso didáctico-pedagógico relevante (...) de apoio ao trabalho autónomo do aluno" (Lei n.º 47/2006 de 28 de agosto, art.º 3.º, alínea b). Todos os manuais apresentam um caderno de atividades como anexo e um bloco informativo integrado no próprio manual correspondente à gramática, à exceção do MF, que disponibiliza ao aluno um "Guia Gramatical" como oferta. Os manuais da Porto Editora (MA e MB) fornecem também aos alunos guiões de leitura e o manual da Areal Editores (ME) fornece um caderno de significados (vocabulário com juízo) para os alunos preencherem ao longo do ano e uma brochura com as novas regras ortográficas.

De salientar também, que todos os manuais remetem para recursos multimédia (áudios, vídeos, imagens e gramática interativa) disponíveis na "20 Aula Digital" (MC, MD e MF), "e-escola virtual"/"BRIP" – Banco de Recursos Interativos para professores (MA, MB e ME) e CD áudio (no caso particular dos recursos áudio).

O MA está organizado em quatro grandes sequências consoante a tipologia de textos (texto narrativo, texto dramático, texto poético e textos não literários). Inclui também um módulo inicial que contém atividades que permitem a apresentação do aluno, do manual, o diagnóstico de competências ("Mostro o que sei") e algumas sugestões de leitura no âmbito do PNL para o 5.º ano de escolaridade. No final, o manual apresenta, ainda, um bloco informativo denominado "A Minha Gramática" que contém informações e exercícios gramaticais, em conformidade com o Dicionário Terminológico (DT) e as novas regras ortográficas.

Cada sequência apresenta um separador com a indicação dos textos a trabalhar e são acompanhados por atividades distribuídas pelas rubricas: leitura (atividades de pré-leitura e de compreensão escrita); oralidade (atividades de compreensão e de expressão oral a partir da exploração de textos e de materiais audiovisuais; escrita (exercícios de escrita planificada e orientada) e gramática (exercícios gramaticais em articulação com a leitura e a escrita. Apresenta ainda, uma rubrica "Fixa" que corresponde a quadros com sínteses dos conteúdos trabalhados, fichas de autoavaliação e uma rubrica "O que aprendi sobre...", que faz uma síntese final dos conteúdos abordados no final de cada grande sequência. De salientar que a sequência dedicada ao texto narrativo é ainda subdividida em cinco partes denominadas: "Histórias deste Mundo", "Histórias do Maravilhoso", "Histórias Tradicionais", "Histórias bem Humoradas" e "Histórias de Vidas".

Na seleção de textos apresentados ao longo do manual respeitou-se o referencial de textos determinados pelos PPEB (2009): narrativas de literatura portuguesa, narrativas infantojuvenis, literatura popular e tradicional, diário, memórias, banda desenhada, textos para teatro, poemas, poemas musicados, letras de canção, textos dos *media* (notícia, reportagem, entrevista, publicidade), descrição, retratos, cartas, correio eletrónico, SMS, convites, avisos, recados, textos instrucionais e textos expositivos. À semelhança do MA, todos os manuais respeitaram este referencial de textos.

O guião de leitura que acompanha o manual aborda as obras: "O Romance das Ilhas Encantadas de Jaime Cortesão; "A Fada Oriana" de Sophia de Mello Breyner Andresen e "Chocolate à Chuva" de Alice Vieira. O caderno de atividades apresenta exercícios de CEL e exercícios de escrita (ligar ideias, escrever textos a partir de um plano (texto instrucional, expositivo e narrativo) e rever e aperfeiçoar textos).

O MB está estruturado em sete unidades e um suplemento informativo sobre conteúdos do CEL: Unidade 0 – "Nós, os outros e muitos livros..."; Unidade 1 – "Dias, alegrias e outras fantasias..."; Unidade 2 – "Pessoas, figuras e aventuras..."; Unidade 3 – "Viagens, passagens e outras paragens..."; Unidade 4 – "Histórias, memórias e outras paródias"; Unidade 5 – "Versos, rimas e palavras ladinas..."; Unidade 6 - "Datas, celebrações e muitas emoções..." "Para saber mais..." – Bloco informativo.

A Unidade 0 começa pela rubrica "Para nos Conhecermos", de modo a facultar aos alunos um melhor conhecimento de toda a turma e do manual. Seguem-se atividades de diagnóstico sobre as competências específicas e uma parte denominada "Os livros…", em que se pretende explorar os diferentes elementos dos livros, nomeadamente as suas partes e o vocabulário a eles associado. Apresenta também a proposta de uma ficha de leitura para o aluno poder registar informações sobre as diferentes leituras efetuadas e propostas de livros indicados para leitura autónoma no PNL para o 5.º ano de escolaridade. As unidades 1 a 4 encontram-se organizadas por temáticas, sintetizadas na sua designação, que poderão funcionar como introdução/motivação para o trabalho com as unidades, apresentada nos separadores. A unidade 5 é dedicada ao trabalho com o texto poético, que, pelas suas características, poderá ser trabalhado em função de cada uma das unidades anteriores, numa perspetiva intertextual, já que aborda o quotidiano, pessoas e figuras, viagens e lugares e histórias fantásticas. A unidade número 6, denominada "Datas, Celebrações e Muitas Emoções", apresenta um conjunto de textos que poderão ser trabalhados de forma contextualizada e cronológica, nos dias celebrativos correspondentes, ao longo de todo o ano letivo.

Importa salientar ainda, que as Unidades 1 a 5 se organizam a partir dos textos principais, de acordo com um conjunto de propostas de trabalho que se sucedem, conjugam ou complementam. São elas: "Antes de Ler...", atividades de preparação do trabalho com o texto (compreensão do oral, expressão oral, análise de elementos paratextuais...); "Para Compreender...", atividades de leitura e compreensão de texto; "Para

Conhecer...a Língua" – atividades de aprofundamento do CEL; "Para Ouvir...", "Para Ouvir/Ver...", "Para Falar...", atividades de compreensão oral e expressão oral; "Para Escrever...", com propostas de expressão escrita, com exercícios mais ou menos desenvolvidos e orientados, que poderão ser assumidos como sugestões para momentos de oficina de escrita; "Para Ler Mais...", com propostas de intertextualidade. No final de cada unidade apresenta-se uma ficha formativa com propostas de "leitura/compreensão", "Conhecimento Explícito da Língua" e "Escrita". O suplemento informativo é organizado em quatro secções distintas: "Texto Oral", "Texto Escrito", "Dicionário" e "Conhecimento Explícito da Língua".

A acompanhar o manual surge um caderno de atividades com fichas de trabalho de CEL e propostas de exercícios de escrita (texto narrativo, biografia, autobiografia, diário, carta e notícia); e um guião de leitura que aborda cinco obras: "A Floresta" de Sophia de Mello Breyner Andresen", "As Aventuras do Menino Nicolau" de Sempé e Goscinny, "O Rebanho que Perdeu as Asas" de António Mota, "A Menina do Mar" de Sophia de Mello Breyner Andresen e "Herbário" de Jorge Sousa Braga.

O MC exibe no início uma introdução onde as autoras procuram apresentar o manual aos alunos, nomeadamente com explicações sobre o conteúdo, a melhor forma de o utilizar e a simbologia que se pode encontrar ao longo do manual. Além da parte introdutória, o manual é composto por nove unidades e um guia gramatical. As unidades são denominadas: "Ponto de Partida", "Dias de Escola", "Álbum de Família", "Natais", "Dois Dedos de Conversa", "Histórias em Viagem", "Quem me avisa...", "Apanha-me um Poeta" e "Em Cena". À exceção da primeira unidade, que serve de diagnose, cada unidade é composta por percursos com a identificação dos conhecimentos e competências em desenvolvimento e propostas de resolução das atividades. Ao longo do manual também são exibidos quadros com várias indicações, nomeadamente a estrutura de cada percurso, explicações sobre os conteúdos abordados, algum vocabulário e aspetos da vida e obra dos autores dos textos. As atividades propostas para desenvolvimento do CEL são antecedidas por uma questão a que o aluno deverá saber responder no final de cada atividade. Igualmente são apresentadas as páginas do guia gramatical onde o aluno poderá encontrar a explicação dos conteúdos e alguns exercícios para treino. No final de cada unidade, o aluno poderá ainda pôr à prova os seus conhecimentos na rubrica "Avaliação", cujas soluções são disponibilizadas no final do manual. O caderno de atividades que acompanha o manual apresenta propostas de treino de CEL.

O MD reserva as primeiras páginas para uma introdução através da qual as autoras procuram apresentar o manual e motivar os alunos para a disciplina. Além disso, apresenta uma parte (viagem) introdutória e de diagnóstico (Unidade 0 – "Antes da Partida") e está dividido em mais três grandes unidades: Unidade 1 – "Viagens pela Tradição Oral"; Unidade 2 – "Viagens pelo Real e Imaginário" e Unidade 3 – "Viagens pela Poesia e pelos Palcos", cada uma constituída por sete viagens e uma secção de revisões (Memórias de Viagem). No final apresenta um apêndice desdobrável com sínteses gramaticais (Minigramática Porta-viagens) que podem ser usadas lado a lado com as páginas do manual, constituindo assim, um importante auxiliar de estudo. Cada viagem propõe atividades das cinco competências, articuladas entre si (Ouvir, Falar, Ler, Escrever e CEL) antecedidas por uma rubrica "Preparativos". O manual apresenta ainda uma rubrica "Aprende" com explicações sobre os conteúdos abordados e outra rubrica "Viajar +" onde são propostas novas sugestões de leitura no âmbito dos temas das viagens. Em estreita articulação com as propostas do manual, o caderno de atividades que acompanha o manual propõe textos e exercícios complementares e de reforço aos conteúdos do CEL, cujas soluções são apresentadas no final para facilitar a realização autónoma por parte do aluno.

O ME é constituído por sete unidades e um guia gramatical denominado "Caixa de Ferramentas" onde se faz a síntese dos principais conteúdos estudados no manual para a qual são remetidos através da indicação das páginas a consultar. Cada unidade é identificada pelo nome de um conto: "A Lebre e a Tartaruga", "O Patinho Feio", "A Casa dos Ursos", "O Alfaiate Valente", "O Rapaz Travesso", "Branca de Neve e os Sete Anões" e "A Cigarra e a Formiga". A anteceder a primeira unidade surge uma parte introdutória onde o autor dá indicações sobre o manual na rubrica "Como Funciona o Manual". Na Unidade 0, que lhe sucede, são apresentadas atividades de apresentação/integração e de diagnóstico. As restantes unidades estão organizadas a partir de um tema aglutinador ("A Identidade", "A Família", "A Coragem", "O Lazer", "A Solidariedade" e "O Trabalho") assinalado no separador de cada unidade. Na dupla página do separador são igualmente identificados os textos principais da unidade e os conteúdos abordados que são explorados a partir das rúbricas: "Antes de Ler" que sugerem atividades de antecipação da leitura,

"Compreensão do Texto", "Oficina da Oralidade", "Oficina da Escrita" e "Oficina Gramatical". Ao longo do manual também são apresentadas caixas de texto com informações complementares aos conteúdos abordados. No início de cada unidade também é apresentada uma atividade designada "Caderno de Leitura" onde são sugeridas obras para leitura integral e atividades de prolongamento da leitura a partir dos excertos de livros que são abordados em cada unidade. No final de cada unidade é fornecida uma ficha de autoavaliação para verificação dos conhecimentos adquiridos. O caderno de atividades que complementa o manual apresenta, sobretudo, atividades complementares e de consolidação de conhecimentos. E para registar palavras e seu significado é fornecido o caderno "Vocabulário com Juízo".

O MF está organizado em sete unidades didáticas correspondendo a primeira à unidade 0 ("O caminho que já fizemos"). Esta unidade pretende servir de diagnóstico dos conteúdos adquiridos, tendo por objetivo recapitular conceitos do ciclo anterior. As seguintes seis unidades ("Histórias da Arca Velha", "Era uma vez em Português", "Cantos e embalos", Contos e outros cantos", "Histórias e artimanhas" e "À boca de cena") estão organizadas em quatro sequências sendo que cada uma aborda uma competência-foco diferente. Cada sequência, por sua vez, está organizada em quatro etapas, correspondendo cada uma a uma competência (oralidade, leitura, escrita e CEL). No que respeita à oralidade, as autoras optaram por selecionar alternadamente a expressão oral e a compreensão oral. Contudo, na última unidade, pela sua natureza, dada a centralidade do texto dramático, cada sequência apresenta cinco etapas, uma vez que são consideradas as duas competências orais: compreensão e expressão, concretizadas em atividades de dramatização. Numa perspetiva de avaliação formativa, que permite fazer o balanço das aprendizagens, cada sequência termina com um "balanço das aprendizagens", centrada na competência-foco dessa sequência, e cada unidade encerra com uma ficha formativa que percorre os principais conteúdos da unidade. Ao longo das etapas encontram-se também caixas de texto que resumem as aprendizagens e permitem organizar e consolidar conhecimentos. Como ajuda complementar, o manual contempla um guia gramatical de oferta ao aluno onde são sintetizados os conteúdos do CEL e um caderno de atividades com exercícios do CEL e propostas de "Oficinas de Escrita".

Após esta apresentação sumária dos manuais, pode-se concluir que todos contemplam indicações propostas nos PPEB (2009), apesar das diferentes formas de organização dos conteúdos e das atividades propostas. Isto quer dizer que todos respeitam e contemplam as competências específicas apresentadas pelo programa: *Compreensão Oral*, *Expressão Oral*, *Escrita*, *Leitura* e *Conhecimento Explícito da Língua.*

2. Práticas de comunicação verbal nos manuais escolares

Como já foi referido, os manuais escolares adotam múltiplas funções e assumem um estatuto privilegiado nas ações pedagógicas, na medida em que se apresentam como elementos estruturadores de conhecimentos de uma dada disciplina e dos processos de transmissão desses mesmos saberes. Na realidade, o manual escolar detém um papel central amplamente reconhecido nas práticas de escolarização, tendo em conta que, para a concretização das suas múltiplas funções, ele é instituído como referência, às vezes única e exclusiva, "para aquilo que pode ser dito na aula (os conteúdos), como para o modo de dizer (a pedagogia) e as formas de comprovar as aquisições realizadas (a avaliação) (Castro e Sousa, 1998: 44).

No caso específico da disciplina de Língua Portuguesa/Português poder-se-á dizer que os manuais escolares constituem "lugar de transmissão e aquisição de conteúdos e processos relativos às práticas comunicativas que são objecto da língua materna" (Sousa, 1999: 495). A mesma ideia está presente em Castro e Sousa (1998: 45), quando referem que nos manuais escolares "são veiculadas representações sobre a linguagem, sobre a língua portuguesa e sobre as práticas comunicativas" sendo que, "a forma de tais representações deve ser relacionada com a configuração macroestrutural destes textos". Os mesmos autores são de opinião que os manuais escolares de Português/Língua Portuguesa

> (...) possuem (...) uma estrutura comum de que fazem parte como componentes (...) obrigatórios os "textos/trechos" que constituem o cerne de todas as actividades, comentários e informações propostos e as "actividades", textos que normalmente mantêm com o primeiro uma relação de dependência formal ou semântica e que comportam basicamente uma série de procedimentos de regulação, que, em princípio, possibilitarão a construção de significados sobre ou a partir do texto nuclear.

Por textos entende-se:

(...) todos os trechos, como obras completas, novelas, um conto, um poema, um slogan publicitário, uma adivinha, desde que se encontrem claramente delimitados no discurso independentemente da sua extensão, características estruturais ou intencionalidade pragmática de origem (Sousa, 2000: 140).

2.1. Análise e interpretação dos dados

De entre os manuais analisados constatou-se que correspondem à estrutura apresentada por Castro e Sousa (1998: 45). Em maior ou menor número, todos os manuais contêm uma série de textos a partir dos quais é proposto um conjunto de atividades que se relacionam com as práticas de comunicação verbal.

Uma vez que nem todos os textos têm a mesma preponderância ou desempenham a mesma função nos manuais escolares é possível, a este propósito, falar de textos e atividades principais e de textos e atividades secundárias. Deste modo, e seguindo a linha de pensamento de Castro e Sousa (1998: 45), considera-se que um texto pode ser classificado como "nuclear" ou "complementar", ou seja, "principal" ou "secundário", em função do estatuto que possui no interior de cada unidade didática do manual escolar e das relações que estabelece com os outros textos. Assim, por "texto principal" considera-se aqueles que de uma forma ou de outra regulam quase todas as atividades. Para Castro e Sousa (1998: 45), podem pôr em cena sujeitos, ações, opiniões que ora envolvem práticas comunicativas verbais, ora juízos sobre essas mesmas matérias. Os "textos secundários", como já foi referido, mantêm, geralmente, uma relação de dependência como o texto principal. "De uma forma geral, as actividades complementares apresentam-se como corolário daquelas que orientam a compreensão/produção dos textos nucleares" (Castro e Sousa, 1998: 45).

Neste estudo, foram considerados os textos que, no interior dos manuais desempenham funções distintas. Por um lado, foram considerados os "textos principais", ou seja, aqueles que normalmente são seguidos de um questionário e a partir dos quais são apresentadas atividades que abordam as práticas de comunicação verbal que, aliás, estão relacionadas com as competências específicas, como já se referiu anteriormente. Por outro lado, há ainda a considerar os textos que mantêm uma relação com o texto principal e que figuram nos manuais como complementares. Estes textos são normalmente propostos no desenrolar das atividades, nas rubricas que cada manual especificou para desenvolver cada competência específica ou em rúbricas como "Para ler mais..." (MB), "Memórias de viagem" (MD), "Balanço das aprendizagens" (MF) ou ainda nas atividades destinadas a avaliação dos conteúdos. São ainda apresentados textos em rubricas como "Fixa" e "O que aprendi sobre..." (MA); "Aprende" e "Viajar +" (MD); "Caderno de leitura" (ME) e biografias dos autores (MB) e (MC), mas dadas as suas características de informação ou consolidação de conhecimentos não irão ser considerados na categorização sobre tipos de texto e modos literários, tal como os textos que remetem para a pesquisa ou seleção de informação sobre determinado assunto.

Sendo assim, os textos que figuram nos manuais analisados foram classificados segundo um sistema de categorias que correspondem a diferentes tipos de texto e modos literários. Dada a complexidade na definição dessas categorias optou-se, como base, pelo referencial de textos dos PPEB (2009) no que respeita ao 2.º ciclo do ensino básico. Consequentemente, os textos dos manuais foram classificados segundo as seguintes categorias:

Quadro 5 – Categorias dos textos a considerar na análise das práticas de comunicação verbal

	Tipos de Textos	
	Textos literários e paraliterários	**Textos não literários**
Modos literários	Narrativos (literatura portuguesa e estrangeira incluindo os países de língua oficial portuguesa, narrativas infantojuvenis); Poéticos (poemas, poemas musicados, letras de canções...); Dramáticos (Textos para teatro); Tradição popular e oral (cancioneiro, contos, mitos, fábulas, lendas...); Banda desenhada; Outros (biografias, autobiografias, diários, memórias, relatos (históricos, viagem), adaptações de obras literárias para cinema ou televisão...).	Textos dos media (notícia, reportagem, texto de opinião, crítica, entrevista, publicidade...); Textos científicos, expositivos, de enciclopédias, glossários, dicionários...; Textos instrucionais (regulamentos, receitas, regras, normas...); Outros (cartas, correio eletrónico, SMS, convites, avisos, recados, descrições, retratos, autorretratos, índices, ficheiros, catálogos, roteiros, mapas, legendas, planos, agendas, esquemas gráficos...).

De realçar que apesar dos textos de tradição popular e oral, banda desenhada ou os textos integrados na categoria "Outros" serem considerados por alguns autores como textos narrativos, optou-se pela sua diferenciação dadas as suas particularidades. No caso dos textos tradicionais, principalmente contos, lendas e mitos, são geralmente considerados tipos de narrativa pouco extensa, cuja brevidade tem implicações a nível estrutural, nomeadamente reduzido número de personagens, concentração no espaço e no tempo, ação simples e decorrendo de forma mais ou menos linear. Fazem ainda parte da tradição oral de uma comunidade e refletem os mais variados sentimentos da alma de um povo, seus hábitos, usos e costumes. Por outro lado, são geralmente de origem anónima e de criação coletiva, uma vez que, fazendo parte da tradição oral de um povo, na sua transmissão são-lhe introduzidas inevitavelmente pequenas alterações ("Quem conta um conto acrescenta um ponto"). Na verdade, os textos tradicionais que se conhecem atualmente são diferentes daqueles que, durante séculos, foram transmitidos oralmente de geração em geração. Em primeiro lugar, porque o seu registo escrito implicou necessariamente algumas restruturações. Em segundo lugar, porque no ato da narração oral, o código linguístico foi acompanhado por outros códigos, variáveis de contador para contador e irreproduzíveis na escrita (entoação, a ênfase, os movimentos corporais...). Em relação à banda desenhada, estes textos têm a particularidade de conjugar o texto e a imagem com o objetivo de narrar histórias dos mais variados géneros e estilos. No caso dos textos agrupados na categoria "Outros", pode dizer-se que constituem casos particulares de narrativas na medida em que narram a história de vida de uma ou mais pessoas (biografia ou autobiografia) ou contam factos da sua vida (memória); registam experiências pessoais (diário) ou descrevem acontecimentos históricos ou viagens (relato histórico ou relato de viagem).

Quanto às atividades apresentadas nos manuais escolares, estas configuram-se como lugares de construção e reconstrução dos saberes dos alunos ou ainda como elementos privilegiados na análise dos saberes a adquirir e a desenvolver. Uma vez que, como já foi referido, a maioria das atividades propostas nos manuais têm como base um texto, entenda-se, aqui, atividade como toda e qualquer instrução para a ação que pressuponha um texto/trecho, desde a leitura do texto, até à prossecução das ações que lhes são inerentes.

No que concerne à análise das atividades são estudados os domínios para que reenviam e, para tal, consideraram-se as categorias que correspondem às competências específicas definidas no atual PPEB e que especializam a disciplina de Língua Portuguesa/Português: *Compreensão Oral*, *Expressão Oral*, *Escrita*, *Leitura* e *CEL*. Dado que os domínios nem sempre são muito claros, optou-se por delimitar a rubrica "atividades" como se apresenta de seguida.

No que se refere às atividades de "leitura" considerou-se todo e qualquer procedimento que vise a recontextualização do sentido do texto, a aquisição e/ou consolidação de conhecimentos ou as atividades prosódicas, ou seja as que visem proporcionar o trabalho da oralidade como competência comunicativa. As subcategorias apresentadas nas grelhas de análise que figuram em anexo (Anexo I), no que respeita a "leitura compreensiva", "leitura expressiva", "leitura dialogada", "leitura encenada" ou "dramatizada", dizem respeito a modos de realização de leitura que exigem do leitor posicionamentos diferenciados face ao texto. Incluem-se neste domínio atividades como: identificar/caracterizar personagens e/ou espaço do texto; ordenar acontecimentos narrados do texto, explicar o sentido de expressões, sintetizar conteúdos trabalhados (leitura compreensiva); leitura de poemas ou textos com expressividade, entoação, ritmo (leitura expressiva) e ainda atividades de encenação ou dramatização de um texto (leitura encenada, dramatizada).

Por outro lado, consideraram-se atividades de "escrita" aquelas que implicam a realização de processos de planeamento, textualização (redação), revisão e correção de texto. Inserem-se nesta modalidade atividades como: escrever uma carta, SMS, e-mail; redigir uma notícia, um anúncio, um poema, um texto narrativo; fazer um resumo... De realçar na subdivisão da prática da leitura e prática da escrita que, apesar de subdivididas podem ser compreendidas como complementares e relacionadas, uma vez que muitas das atividades aparecem como corolário de atividades de leitura e não como modalidades autónomas, como se pode ver nos seguintes exemplos:

MA: "Com tamanha confusão, o concerto da banda previsto para a véspera de Natal foi cancelado. Redige o aviso que foi afixado à porta da sala de espetáculos.

Deves começar com a palavra AVISO e terminar com o nome do responsável por este (neste caso, o maestro Palheta)." – p. 141

MB: "Procura imaginar o que Isabel terá encontrado dentro da casinha que tinha construído e narra o que sucedeu depois." – p. 55

MC: "Relata os acontecimentos do texto que dizem respeito à fuga do macaco, como se fosses um jornalista a noticiar o caso.

No teu texto, deves:

- Referir a forma como o macaco se soltou, os seus comportamentos, as várias tentativas de captura e o facto de ainda não haver resultados;
- Usar os tempos simples do modo indicativo.

Depois, faz uma revisão cuidadosa do teu texto." – p. 95

MD: "O que haveria dentro da gruta? Põe a tua imaginação a trabalhar e descreve o que lá se poderia encontrar." – p. 99

ME: "Escreve a continuação da história do Serafim e do Malacueco, seguindo as indicações apresentadas no quadro." – p. 113

	Cena 2
Cenário	Uma ilha
Personagens	Pirata da Perna de Pau, Rei Escama, Serafim, Malacueco

	Cena 3
Cenário	O mesmo da cena 1
Personagens	Serafim, Malacueco", p. 113

MF: "Repara na continuação do conto (…)

- O que aconteceu ao Pião?

E a Bola? Será que se casou com o pica-pau?

- Escreve, em trabalho de pares, um final para esta história

a) Deves utilizar obrigatoriamente as seguintes preposições:

Até	em	por	com	para
de	a	após	sem	

b) Não te esqueças de que tinham passado muitos anos, desde que a Bola desaparecera.

- Ouve o final do conto. (...)
- Compara a versão final do conto com aquela que escreveste." – p. 149

Como atividades no domínio do oral, foram consideradas as solicitações que pressupõem, tanto a professores como aos alunos, a realização de alguma tarefa com recurso à oralidade. Foram integrados nesta categoria enunciados como: fazer o reconto oral de um texto; contar oralmente uma história, fábula, adivinha...que se conheça; debater com os colegas sobre um assunto de interesse comum; descrever um objeto...

Finalmente, as atividades relativas ao CEL serão aquelas que implicam o trabalho sobre o conhecimento explícito das regras e processos gramaticais da língua tais como: identificar a classe e subclasse de palavras, identificar/classificar adjetivos, verbos, pronomes...; transformar frases recorrendo aos modificadores; identificar os constituintes de frases...

O procedimento analítico utilizado para a prossecução dos objetivos propostos consiste na identificação e contabilização das frequências em que ocorrem as atividades no domínio da leitura, compreensão oral, expressão oral, escrita e CEL nos vários manuais escolares em análise, assim como dos textos que lhes são adjacentes.

2.1.1. Os textos da coletânea

Na sequência da análise efetuada, verifica-se que os conteúdos dos manuais escolares de Língua Portuguesa/Português são constituídos por um conjunto de textos selecionados (antologia) e por um conjunto de atividades propostas para esses textos, "a partir das quais é possível extrair os "conteúdos", declarativos ou processuais, explícitos ou implícitos, que constituem o objecto da disciplina" (Sousa, 2000: 496).

Assim, quanto à análise dos manuais escolares na sua componente estruturante em relação aos textos resultou o Quadro 6 onde se dá conta da sua distribuição. De realçar que se optou por separar os textos que figuram como síntese dos conteúdos/biografias ou que remetem para pesquisas sobre determinado tema, uma vez que só alguns manuais os apresentam (Anexo I). Caso fossem integrados poderiam implicar uma análise pouco equitativa tendo em conta a relação entre os objetivos propostos e a categorização efetuada para analisar as práticas de comunicação verbal.

Quadro 6 – Distribuição dos textos pelos manuais escolares

Manuais	MA	MB	MC	MD	ME	MF
N.º de Textos	74	87	82	55	71	82
N.º de textos de síntese /pesquisa/ seleção de informação	40	23	71	36	2	60
Total	114	110	153	91	73	142

Independentemente do facto de estarem representados no Quadro 6 textos que no interior dos manuais escolares desempenham funções distintas (textos principais e textos secundários), convém salientar a relativa desigualdade de valores verificados entre os manuais. Essa desigualdade é mais evidente ao analisar a totalidade de textos no que concerne aos manuais que optaram por incluir textos de sistematização da matéria ou rúbricas como pequenas biografias dos autores dos textos e que remetem para pesquisas a efetuar.

Da análise comparativa entre manuais conclui-se que o MB é o que apresenta no seu interior um maior número de textos (87 textos). Em contrapartida o MD é o que apresenta um menor número (55). Os restantes manuais (MA, MC, ME e MF) apresentam 74, 82, 71 e 82 textos, respetivamente. O facto de haver um maior ou menor número de textos nos manuais pode pressupor que vá de encontro às recomendações do novo Programa na constituição do *corpus* textual principalmente no que concerne à diversidade textual. Na verdade, o novo programa recomenda na constituição do *corpus* textual cinco critérios prioritários: "a representatividade e qualidade dos textos, a integridade das obras, a diversidade textual, a progressão e a intertextualidade" (PPEB, cf. Reis, 2009: 100). Em relação à diversidade textual, remete-se para a análise do quadro seguinte (Quadro 7) que apresenta uma categorização dos textos dos manuais, que constituem a amostra deste estudo, diferenciada por tipos de texto e modos literários conforme classificação anteriormente mencionada.

Tipos de textos		Manuais	MA		MB		MC		MD		ME		MF		Totais		
			Nº textos	%	Nº textos	%	Nº textos	%	Nº textos	%	Nº textos	%	Nº textos	%			
Tipos de textos	Literário	Narrativo	17	23%	24	28%	25	30%	15	27%	33	47%	17	21%	131	29%	Modos Literários
		Poético	18	24%	23	27%	28	34%	13	23%	15	21%	17	21%	114	25%	
		Dramático	6	8%	2	2%	4	5%	3	5%	1	1%	7	9%	23	5%	
		Tradição Popular	9	12%	6	7%	7	9%	15	27%	6	9%	10	12%	53	12%	
		Banda Desenhada	1	1%	8	9%	3	4%	2	4%	1	1%	4	5%	19	4%	
		Outros	5	7%	5	6%	2	2%	2	4%	1	1%	1	1%	16	3%	
	Não literário	Textos dos *media*	13	18%	6	7%	4	5%	2	4%	9	13%	11	13%	45	10%	
		Textos científicos	2	3%	2	2%	4	5%	1	2%	0	0%	6	7%	15	4%	
		Textos instrucionais	3	4%	2	2%	2	2%	1	2%	2	3%	3	4%	13	3%	
		Outros	-	0%	9	10%	3	4%	1	2%	3	4%	6	7%	22	5%	
		Totais	74	100%	87	100%	82	100%	55	100%	71	100%	82	100%	451	100%	

Quadro 7 – Características dos textos em função do tipo de texto e modos literários

Ao analisar o quadro, pode-se afirmar que se nota uma preocupação dos autores em diferenciar os textos selecionados em cada manual, principalmente nos manuais MB e MF e também o MA, algo preconizado pelo novo programa. No entanto, no geral, nota-se que se continua a privilegiar a competência de leitura no universo do texto narrativo (48%) e literário (78%). Este facto poderá ser entendido à luz da tradição escolar e da disciplina de Língua Portuguesa/Português, em particular, que continua a ser entendida como aula de literatura. Note-se que a reduzida presença de textos no campo não literário denuncia, tal como já foi referido acerca dos dados do PISA (2009) e IELP (2008), que os alunos portugueses trabalham privilegiadamente o texto do tipo narrativo e que só esporadicamente têm contacto com outros tipos de textos, o que não ajuda a automatização de mecanismos de leitura referentes a esse tipo de textos.

No seguimento da análise, pode-se referir que em relação ao texto narrativo a maior percentagem corresponde às narrativas da literatura portuguesa e estrangeira nas quais se integram os países de língua oficial portuguesa e as narrativas infantojuvenis (29%), seguindo-se os textos de tradição popular e oral (12%), a banda desenhada (4%) e por último os textos integrados na categoria "Outros" (biografias, autobiografias, diários, memórias, relatos...) com cerca de 3%[1]. Por outro lado, os textos poéticos ganham também alguma importância com cerca de 25% de presenças na totalidade dos textos dos manuais. Por último, surge o texto dramático a que correspondem 5%. No campo não literário, os textos privilegiados são os textos dos *media* com cerca de 10%, seguindo-se a categoria "outros" (cartas, convites, anúncios...) com 5%, os textos científicos com 4% e os instrucionais com cerca de 3%.

Em particular, convém salientar também que o MD é o manual que menos diversifica os textos. Na verdade, não apresenta um grande leque de leituras, fixando, sobretudo, as suas atividades no universo do texto narrativo (62%) e literário (90%), não deixando muito espaço para a leitura de textos do domínio transacional (ata, contrato...), informativo (esquemas gráficos, formulários, catálogos...) científico ou instrucional (receita culinária, instruções de jogos, regras...), por exemplo. Com efeito, o MD apresenta apenas 5 textos não literários.

---

[1] Apesar dos manuais MB e MF apresentarem pequenas biografias dos autores dos textos inseridos em cada manual, estes não foram contabilizados no quadro da frequência de atividades sobre a competência da leitura por se tratarem de pequenas sínteses e não figurarem de igual modo nos restantes manuais.

No que concerne aos textos não literários, o MF é o manual que mais privilegia este tipo de textos ao apresentar no seu universo cerca de 31% seguindo-se o MA com 25%, o MB com 21%, o ME com 20%, o MC com 16% e o MD apenas com 10%.

2.1.2. As atividades

Em relação às atividades, na maior parte das vezes, apresentam-se, como já foi referido, como dependentes dos textos e constituem-se como elementos fulcrais para a análise dos mesmos, assim como para o desenvolvimento das práticas de comunicação verbal.

Quanto à competência de leitura, de um modo geral, os manuais escolares analisados proporcionam a aprendizagem das diferentes técnicas de decifração e o seu treino dc forma a promover o desenvolvimento de estratégias de compreensão que possibilitem o acesso à informação. Tal como referem os PPEB (2009), as atividades propostas evoluem "de uma fase de leitura mais centrada no ler para aprender a ler, (...) para uma fase em que o ler para extrair e organizar conhecimentos é privilegiada" (Reis *et al.*, 2009: 70). Ainda de acordo com os PPEB (2009), os manuais põem em prática, no desenvolvimento da competência da leitura, três etapas fundamentais do ato de ler: pré-leitura, leitura e pós-leitura. Na pré-leitura procuram mobilizar conhecimentos prévios dos alunos que se possam articular com o texto, antecipando o assunto. No que concerne à leitura, são abordadas técnicas de localização, de seleção e de recolha de informação, de acordo com o(s)objetivo(s): interpretação do texto, assinalar/sublinhar, tirar notas, esquematizar, etc. Nas atividades de pós-leitura apresentam algumas de sistematização de conhecimentos.

Paralelamente proporcionam aos alunos a leitura de textos de diferentes tipos e de funcionalidade e finalidades distintas, literários e não literários, em diversos suportes (suporte de papel, e em suporte informático e audiovisual). Assim, são trabalhados diferentes modos literários (textos narrativos, descritivos, expositivos, científicos, argumentativos, instrucionais...), cuja abordagem tem em atenção o nível etário dos alunos, numa dinâmica de progressão conforme preconiza o novo Programa.

A título de exemplo, apresentam-se algumas atividades que preconizam a competência da leitura nos manuais escolares analisados.

Exemplos de atividades de pré-leitura:

MA: “Lê apenas o título e o primeiro parágrafo do texto. A partir destes elementos, coloca hipóteses sobre aquilo que vai ser narrado.” – p. 27

MB: “Vais fazer uma viagem a um bosque encantado...e encantador.

- A partir da imagem, procura antecipar algumas características deste lugar.” – p.118

MC: “Observa o título do texto (“Um homem não chora”)

- Que acontecimento levará alguém a dizer essas palavras? Farão sentido essas palavras em qualquer situação ou só em casos muito particulares?” – p. 52

MD: “Todos nós, miúdos e graúdos temos ou tivemos na nossa vida um herói: um familiar, um vizinho, uma personagem dos desenhos animados ou até uma personagem inventada pela nossa imaginação.

- Mas o que é um herói?
- O que transforma um ser humano real num herói?
- Que características deve ter um herói?” – p. 156

ME: “Descobre o contexto de comunicação do texto abaixo transcrito, considerando:

- O título;
- Os carateres principais;
- A mancha gráfica;
- O suporte de comunicação.” – p. 42

MF: “Uma das histórias da coletânea Três fábulas intitula-se “A cegonha e a tartaruga”.

- Que esperas tu de uma história com este título?
- Que personagens poderás encontrar?
- Que relação haverá entre elas (amizade/inveja/competição/amor/...)?
- Onde viverão?” – p. 32

Exemplos de atividades de leitura:

MA: "Descobre, pelo contexto, o sentido das palavras sublinhadas. Em caso de necessidade consulta o dicionário.

A ação decorre "no reino das bruxas". Procura, no primeiro parágrafo, as palavras que apresentam aquele reino." – p. 56

MB: "A regata, apresentada no texto, só pode realizar-se em circunstâncias particulares.

- Refere as condições atmosféricas que permitem a sua realização.
- Indica quando decorre a história (tempo) e em que lugar acontece (espaço) transcrevendo para o quadro A para o teu caderno e completando-o com as expressões que se encontram no quadro B." – p. 48

A Tempo (quando decorre a história)	**Espaço** (onde decorre a história)

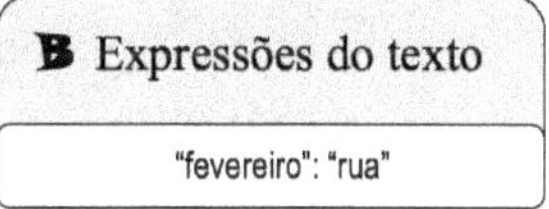

B Expressões do texto
"fevereiro"; "rua"

MC: "Lê as questões de 1.1 a 5

- Vê, com atenção, um excerto do filme de animação "O estranho mundo de Jack e tira apontamentos para responderes às questões apresentadas." – p. 66

MD: "Lê com atenção esta história sobre um coelho matreiro (O coelho e a hiena).

- Quem são as personagens desta história?
- Com quem queria a hiena casar?
- Que condições impôs a rapariga à hiena para se casarem? (...)" – p. 65

ME: "Responde às questões sobre o texto "Televisão ou não".

- Descreve o contexto situacional (aquele que fala, a quem ele fala, o tempo e o espaço em que fala). (...)
- Transcreve a ordem que o pai deu ao (à) menino(a), na primeira parte do texto." – p. 14

MF: "Lê o texto ("Raposa") e assinala os aspetos que caracterizam uma raposa." – p. 177

Exemplos de atividades de pós-leitura

MA: "Preenche agora, o esquema seguinte a partir das respostas que deste anteriormente. (não escrevas no livro: copia o esquema para o teu caderno e completa-o." – p. 77

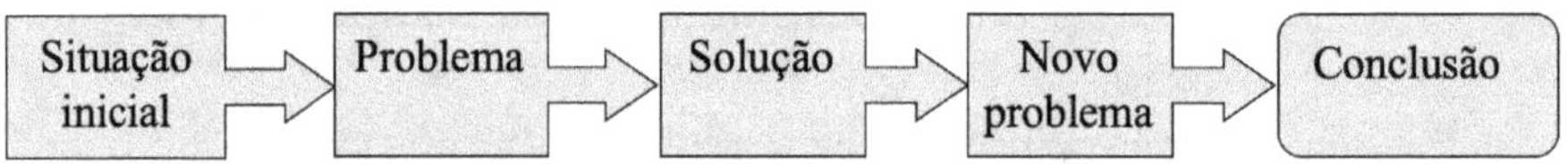

MB: "Longe das fábulas e dos contos, existem lobos reais... E algumas espécies correm risco de extinção, como é o caso do lobo-ibérico

- A notícia abaixo apresenta um projeto que associa novas tecnologias à preservação desta espécie animal. Lê-a atentamente.
  Regista no teu caderno:
  Onde decorre o projeto;
  O nome da pessoa responsável; (...)" – p. 130

MC: "Metáfora – a metáfora permite comparar duas realidades, sem que se use uma expressão comparativa (como, parece, assemelha-se...) – "trazia sempre um molho de chaves pendurado da cintura e era ela quem reinava na <u>despensa, reino misterioso e sombrio</u> onde pairava um perfume de baunilha e canela." – Sophia de Mello Breyner Andresen, A Floresta, Figueirinhas." – p. 140

MD: "Um mito é uma história fantástica da tradição oral, geralmente protagonizada por deuses e criaturas fabulosas." – p. 72

ME: "Conclui: Muitas palavras têm dois ou mais significados. Para descobrires o significado de uma palavra, deves ler e interpretar a frase onde essa palavra está escrita." – p. 29

MF: "As onomatopeias são palavras que imitam sons naturais." – p.108

Em termos da compreensão oral e expressão oral, embora com abordagens diferentes, os manuais apresentam atividades diversificadas, tanto nos suportes em que os textos são apresentados, como na tipologia de exercícios a implementar.

Assim, em relação à compreensão oral, os manuais escolares analisados facultam, de uma forma ou de outra, atividades de escuta ativa de registos de extensão e grau de formalidade crescentes, geralmente com recurso aos meios áudio e vídeo, bem como, a escuta ativa de registos das diferentes variedades dialetais e socioletais do português, embora, neste caso, isso não seja visível em todos os manuais.

Exemplos:

MA: "Vais ver e ouvir um programa sobre Luísa Dacosta, a autora do texto que leste. Este programa apresenta dois momentos distintos: um em que se fala da escritora; outro em que é a própria Luísa Dacosta que fala de si.

- Vê-o e ouve-o, atentamente, para poderes realizar o exercício seguinte." – p. 57

MB: "Com o livro fechado, escuta a leitura que te propomos e apresenta a ideia global do texto." – p. 47

MC: "Ouve com atenção a leitura do poema "Anúncio" e identifica a palavra que mais se repete." – p. 168

MD: "Descobre, através da audição de um excerto da música "Homem do leme", dos Xutos e Pontapés, um dos muitos motivos da paixão pela navegação." – p. 179

ME: "Ouve agora com atenção mais uma história em verso da mesma autora de "A Cigarra e a Formiga.

- Preenche o quadro com elementos relativos ao texto." – p. 224

MF: "Observa o vídeo com um poema de António Torrado.

Antes de procederes ao visionamento, toma nota do que deves registar no caderno: O título do poema; a relação entre os dois interlocutores presentes; (...)." - p.116

No caso da expressão oral as atividades propostas propiciam a participação do aluno em atividades de planeamento e de produção de diversos tipos de discursos orais de complexidade crescente e em atividades que propiciem a assunção de vários papéis e a defesa de diversos pontos de vista, na lógica do trabalho de pares e de grupo.

Exemplos:

MA: "(...) Imagina que queres impressionar alguém, mostrando-lhe o teu lado melhor. Prepara e faz o teu discurso, de acordo com o seguinte plano:

- Talvez não saibas, mas eu sou... [uma qualidade]
- Ainda no outro dia... [relato de um episódio que ilustre a qualidade referida]." – p. 28

MB: "Com certeza, também tu gostas de música e ela tem influência em ti.

- Em grupo, procura discutir com os teus colegas os géneros/grupos musicais de que mais gostam e as razões que encontram para as vossas preferências. (...)
- Apresenta à turma os resultados do diálogo." – p. 83

MC: "Pensa numa razão para defenderes a opinião da mãe do António ou a opinião do seu avô acerca do sonho e apresenta-a à turma. Ouve as razões dos teus colegas e diz se concordas com elas ou se discordas delas, explicando porquê.

Usa estruturas como as seguintes:

▸ Penso que...	▸ Concordo com essa ideia...
▸ Na minha opinião...	▸ Discordo dessa ideia..." – p. 58

MD: "Reflete sobre esta questão:

Serão muito diferentes, na atualidade, as brincadeiras entre rapazes e raparigas?

- Troca ideias e opiniões com os teus colegas, em trabalho de grupo. Justifica o teu ponto de vista com exemplos concretos. (...)
- Apresenta à turma as conclusões." – p. 125

ME: "Observa a imagem e descreve-a oralmente.

- Escolhe uma das personagens dessa imagem e diz de que forma ela se vê, quando se encontra em frente ao espelho. Começa assim: Os meus olhos são amendoados e o meu cabelo é escuro...
- Organiza um debate sobre a inclusão social." – p. 51

MF: "Agora que ouviste uma fábula, chegou o momento de a dramatizares perante a turma. Fases:
- preparação da dramatização;
- distribuição dos papéis pelos elementos do grupo (...);
- escolha dos adereços (...);
- memorização das falas (...);
- ensaio para uma boa apresentação." – p. 60

Uma vez que a expressão oral está intimamente ligada à compreensão oral, há atividades que ativam simultaneamente competências do eixo da receção oral e da produção oral. É o caso do relato, reconto e a paráfrase de um excerto ou fragmento de uma reportagem, de uma notícia ou de uma entrevista da rádio, da televisão ou de um filme.

Exemplos:

MA: "Reconta oralmente a história, orientando-te pelo esquema da pergunta 10. Mas atenção: não podes utilizar a palavra 'Depois'. Usa outras palavras e expressões que assinalam o tempo, como, por exemplo:
Quando...; De seguida...; Passado algum tempo...; Logo que...; Entretanto...; Nesse momento...; Mais tarde...;" – p. 77

MB: "Escuta atentamente o excerto musical e observa o anúncio publicitário. (...)
Algo aconteceu à partitura do anúncio... Interpreta-o brevemente referindo:

- O produto anunciado;
- A mensagem que pretende transmitir." – p. 88

MC: "Antes de leres o texto que se segue, ouve com atenção dois exemplos de uma conversa entre personagens.

Diz qual te parece mais real, ou seja, mais parecido com um texto oral.

Explica o que marca a diferença entre os dois exemplos." – p. 96

MD: "Ouve com atenção a lenda 'A sereia de Ponta Ruiva', a fim de a poderes recontar aos teus colegas." – p. 60

ME: "Ouve a continuação da história do Vítor e da Nina (p. 26-27). (...)

• Numera as imagens de 1 a 3, de acordo com o que ouves.

• Reconta oralmente o que ouviste, apoiando-te nas imagens já ordenadas." – p. 28

MF: "Visiona o vídeo proposto.

- Presta atenção aos seguintes aspetos:
  - título do documentário;
  - continente a que se refere;
  - pessoa que fala;
  - tipo de vida de que ela fala.
- Ouve o texto do documentário e discute com os teus colegas:
  - o papel de Mwana na sociedade em que vive;
  - o conhecimentos que Mwana tem de si própria;
  - o lugar das crianças naquele país." – p. 82

No que concerne à expressão escrita, esta competência implica, tal como já foi referido, processos cognitivos mais complexos pelo que as diferentes técnicas de planeamento, textualização e revisão da produção escrita devem ser ensinadas e treinadas para que o aluno se torne mais autónomo na realização das tarefas de escrita (Reis *et al.*, 2009: 71). Por esse facto é necessário apresentar aos alunos atividades significativas e diversificadas que visem a aquisição, por parte destes, de automatismos linguísticos ao nível da produção escrita para que possam desenvolver a suas competências nessa área, ou seja, "interiorizem as diferentes funcionalidades da escrita e se apropriem dos diferentes tipos de texto" (Reis *et al.*, 2009: 71). O mesmo programa refere ainda que para valorizar as produções dos alunos deverão ser criados circuitos que possibilitem a sua divulgação, mormente blogues, jornais de turma, de escola, etc.

Na análise aos manuais escolares constata-se que existe uma preocupação em propor aos alunos, atividades diversificadas, que dão origem à produção de diferentes tipos de texto e também de fornecer algum material de apoio, nomeadamente indicações a seguir para ajudar os alunos durante todo o processo de escrita. Estas atividades são particularmente beneficiadas pelas aprendizagens no CEL e estão em estreita ligação com todas as outras.

De seguida apresentam-se algumas atividades dos manuais escolares, a título de exemplo, sobre práticas comunicativas no âmbito da escrita.

MA: "Imagina que a bruxinha quando acordou, decidiu enviar uma mensagem escrita para o telemóvel da bruxa chefe, para lhe comunicar o seguinte:

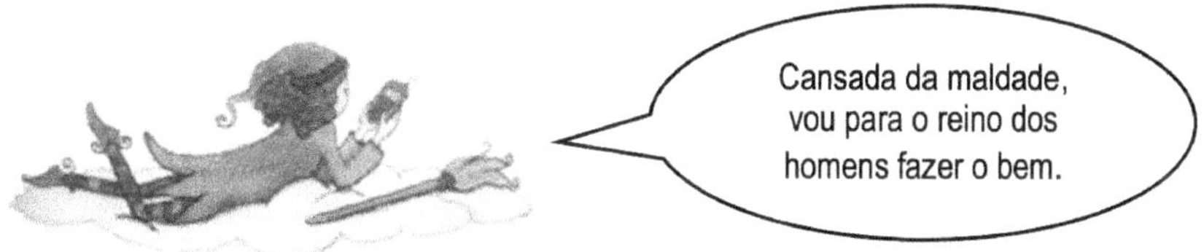

Numa SMS, a informação deve ser reduzida ao essencial, por falta de espaço. E se a bruxinha tivesse enviado um e-mail, o que escreveria? Redige-o". – p. 57

MB: "Sonhar com o futuro e pensar no que gostarias de ser são coisas que te passam muitas vezes pela cabeça, não é verdade?

- Redige um texto narrativo, imaginando-te no futuro e atendendo às orientações seguintes:

a. Planificação – estabelece um plano antes de começares a escrever, registando as ideias principais e a ordem pela qual as vais apresentar, tendo em conta, por exemplo:

- a localização no tempo e no espaço;
- a família;
- a profissão;
- os tempos livres;
- os amigos...

b. Textualização – redige o teu texto, articulando as diferentes ideias do plano.

- seleciona o vocabulário adequado;
- procura respeitar todas as regras ortográficas e de pontuação;
- constrói frases curtas;
- delimita os parágrafos corretamente.

c. Avaliação – efetua a revisão do teu texto, corrigindo e reformulando o que consideres necessário." – p. 41

MC: "Escreve uma receita culinária, que podes publicar, por exemplo, no jornal da escola.

1.º passo: Faz a lista dos ingredientes e respetivas quantidades
2.º passo: Escreve as instruções, usando o modo imperativo, e de acordo com a ordem das transformações necessárias
3.º passo: Partilha com o teu colega e discutam aspetos a melhorar." – p. 83

MD: "Imagina que o coelho e a Chipa Azuwa querem convidar os amigos para a festa do seu casamento. A partir do modelo que te é apresentado, redige esse convite." – p. 66

ME: "Um lembrete é um apontamento para ajudar a memória.

- Imagina que os tratadores de tartarugas marinhas lhes deixavam um lembrete, em alto-mar, com informações úteis, sobre o melhor local para onde se deslocarem e encontrarem alimento. Redige esse lembrete.
- Quando chegou ao alto-mar, uma tartaruga separou-se do grupo e encontrou o tubarão, o Rei dos Mares, algumas milhas à frente. Redige o recado que o tubarão terá enviado pela tartaruga, às suas companheiras." – p. 87

MF: "Salta pocinhas casara e, pensando em aumentar a família, necessitava de uma nova casa. Decidiu escrever um anúncio (...).

- Servindo-te do modelo (...), redige o anúncio que Salta-pocinhas terá escrito. Usa também as seguintes pistas:

- Título – apartamento/casa
- Corpo do texto – pequena/grande/abafada/arejada/quartos /despensa/cozinha/porteiro
- Contactos – casa do texugo/casa do lobo/brutamontes/ telefone." – p. 170

O CEL ocupa, no desenvolvimento de qualquer competência comunicativa, um lugar central, pois é através da língua que se operam os processos comunicativos necessários à construção de sentido. Daí que todas as atividades propostas nos manuais sobre compreensão do oral, expressão oral, leitura e escrita se articulem com os diferentes planos do CEL. De facto, não se pode implementar nenhuma das competências mencionadas sem um estudo paralelo e contextualizado dos mecanismos de funcionamento da língua.

Deste modo, todos os manuais apresentam uma rubrica para trabalhar as competências do CEL, identificadas pela rubrica "Gramática" (MA), "Para conhecer...a língua", (MB) "Conhecimento da língua" (MC), "CEL" (MD e MF) e "Oficina gramatical" (ME).

De forma a ilustrar a abordagem feita à gramática (CEL), apresentam-se de seguida alguns exemplos.

MA: "Observa o título do conto – *Os três estudantes e o soldado.*
• Transcreve os nomes aí presentes." – p. 77

MB: "Repara na primeira frase do texto: *Era de azar.*
• Refere a classe a que pertence a palavra sublinhada." – p. 74

MC: "Indica o grupo verbal na frase do texto.
• *Um homem não chora...*" – p. 54

MD: "Observa agora as seguintes frases.
- Todos os dragões são criaturas fantásticas.
- Neste livro, são também referidos alguns animais selvagens.
- Este livro sobre dragões foi publicado há dez ano.
• Identifica as palavras que exprimem quantidade nestas frases." – p. 176

ME: "Lê as expressões que se seguem e reescreve-as de acordo com as regras do português padrão.

- Sentei na sala grande… (linha 4)
- Me levantei… (linha 8)
- Ela emendou… a visão minha… (linha 8-9)
- A tristeza se apressa em virar esqueleto… (linha 15-16)" – p. 57

MF: "Coloca as frases seguintes no plural.

- *O menino tirou **a** Bola do caixote,*"
- *O Pião ficou **a** vê-la.*

• Que alterações registaste nas palavras a negrito?
• A que classe de palavras pertencem essas palavras?" – p. 148

2.1.3. Análise dos manuais escolares

Após uma análise de carácter geral aos manuais escolares passa-se de seguida à apresentação dos resultados obtidos. Em primeiro lugar, apresentam-se os dados, manual a manual, relativos à frequência de atividades no domínio de comunicação verbal. De seguida, apresenta-se uma discussão global dos mesmos, confrontando os seis manuais.

Com o apoio da Grelha 1 (cf. *supra*), foi feito o levantamento do número total de atividades por manual que é sistematizado nos quadros que se seguem[1]. Interessa conhecer este número para verificar que tipos de modalidades de comunicação verbal os manuais promovem e se estas correspondem às novas orientações. Por outro lado, pretende-se verificar qual a importância de cada competência comparativamente com as restantes, ou seja, quais as modalidades de comunicação verbal mais valorizadas e em que medida as próprias orientações oficiais (programas) são fatores condicionantes. A Grelha 2 (cf. *supra*) surge para contabilizar o número total de atividades nos manuais analisados e serve para realizar uma análise comparativa sobre os resultados obtidos, dando origem a um novo quadro.

Assim, em relação ao MA a frequência de atividades no domínio da leitura, escrita, oralidade e CEL é a seguinte:

[1] Os dados referentes a um estudo mais pormenorizado de cada manual podem ser consultados no Anexo I a este trabalho.

Quadro 8 - Frequência de atividades no domínio da leitura, escrita, oralidade e CEL- MA

Manual Escolar - MA - *Diálogos*			
Leitura	**Oralidade**	**Escrita**	**CEL**
74	35	39	45

Gráfico 4 - Frequência de atividades no domínio da leitura, escrita, oralidade e CEL- MA

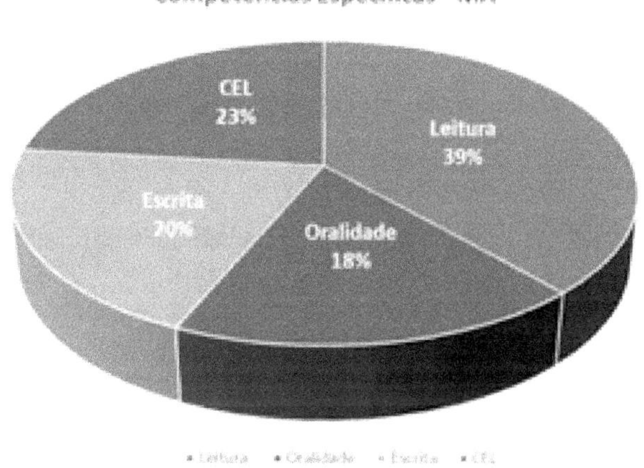

Após a análise dos dados, verifica-se que a percentagem de atividades de escrita, oralidade e CEL são muito similares, ocupando cerca de 61% da totalidade das atividades propostas (20%, 18% e 23%, respetivamente) em contraponto com os 39% de atividades de leitura, que é a atividade privilegiada (Gráfico 4). Esta supremacia advém do facto das atividades, na sua maioria, serem introduzidas por textos.

Há ainda a salientar um número significativo de textos que no decorrer de cada unidade convidam à leitura como processo de consolidação de conhecimentos, nomeadamente a rubrica "Fixa", que apresenta sínteses dos vários conteúdos abordados e a rubrica "O que aprendi sobre...", no final de cada uma das quatro grandes sequências em que o manual está subdividido. Embora estes textos não sejam considerados nesta análise, como já foi referido, não se quis deixar de os referenciar como atividade importante no desenvolvimento da competência de leitura. Na verdade, na totalidade das atividades de leitura apresentadas no MA (114), 35% referem-se a textos inseridos nas rubricas "Fixa" e "O que aprendi sobre..." (Quadro 6 e Anexo I). De salientar também a inclusão de elementos paratextuais junto dos textos principais, muito particularmente alguns vocábulos e seu significado, que pretendem sobretudo dotar os alunos de uma melhor compreensão do texto.

Relativamente ao MB, apresentam-se de seguida a frequência de atividades no que se refere às competências específicas da leitura, escrita, oralidade e CEL:

Quadro 9 - Frequência de atividades no domínio da leitura, escrita, oralidade e CEL- MB

Manual Escolar – MB - *Dito e Feito*			
Leitura	**Oralidade**	**Escrita**	**CEL**
87	50	32	42

Gráfico 5 - Frequência de atividades no domínio da leitura, escrita, oralidade e CEL- MB

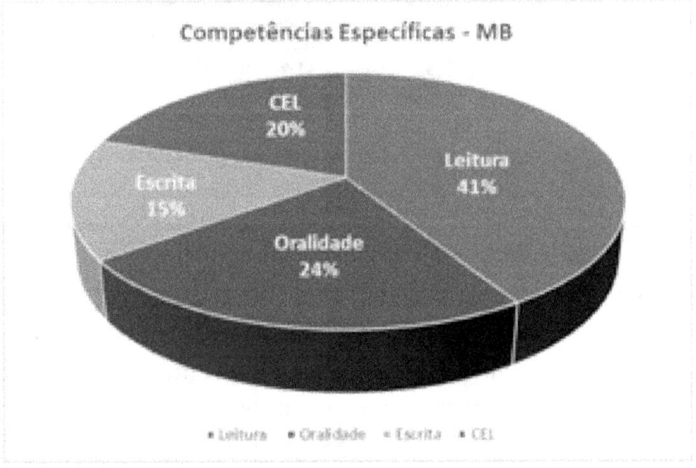

Como se pode verificar a atividade de leitura é predominante em relação às outras atividades, com cerca de 41% de frequências. Pode dizer-se que este facto se deve às opções dos autores de, na sequência das atividades propostas, incluírem algumas vezes textos complementares na rúbrica "Para ler mais...", considerados neste estudo. A seguir surgem as atividades que pretendem desenvolver competências no domínio da oralidade (24%), do CEL (20%) e por último da escrita (15%) (Gráfico 5).

À semelhança do MA, também o MB apresenta vários textos complementares que, neste caso, correspondem a dados biográficos de alguns autores totalizando cerca de 20% da totalidade dos textos propostos (110) (Quadro 6 e Anexo I). Igualmente apresentam junto dos textos principais alguns vocábulos e seu significado. Dadas as explicações anteriores, estes textos não foram considerados.

Quanto ao MC, apresentam-se de seguida os dados referentes à análise efetuada:

Quadro 10 - Frequência de atividades no domínio da leitura, escrita, oralidade e CEL- MC

Manual Escolar – MC - *P5*			
Leitura	**Oralidade**	**Escrita**	**CEL**
82	38	33	35

Gráfico 6 - Frequência de atividades no domínio da leitura, escrita, oralidade e CEL- MC

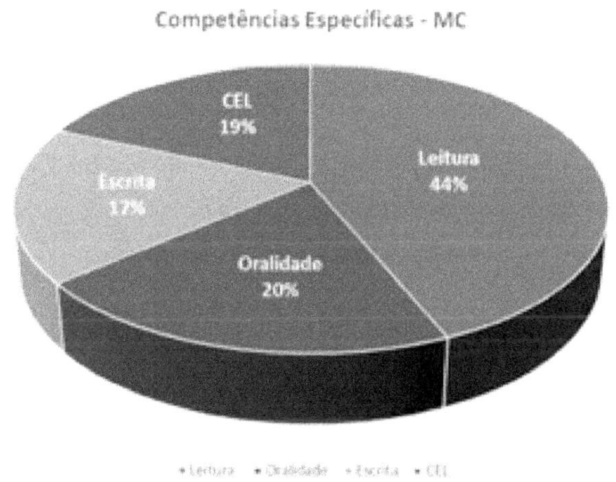

O MC, à semelhança dos manuais anteriores, também privilegia a competência da leitura, com cerca de 44% de atividades propostas, seguindo-se a oralidade com 20%, o CEL com 19% e a escrita com 17% (Gráfico 6).

Importa ainda salientar a presença de pequenos textos com explicações sobre temas variados (32) e que não foram contabilizados nesta análise pelas razões já expostas, nomeadamente o que é o reconto, o texto descritivo, o narrativo, o dramático, o poético ou instrucional ou ainda o que se entende por personificação, metáfora, onomatopeia, anáfora, etc.. Estes pequenos textos surgem na sequência dos conteúdos abordados e das competências que se pretende desenvolver com cada texto principal ou pretendem elucidar os alunos sobre alguns conceitos considerados pertinentes para uma melhor compreensão do texto analisado. São exemplos termos como: "contexto", "sentido", "cooperação", "síntese", "enumeração", "mito", "alusão", etc.. São ainda apresentadas sínteses de registos biográficos de vários autores (39), o que faz elevar o número de textos apresentados no manual para 153 (Quadro 6 e Anexo I) equivalente a uma de percentagem de cerca de 46% no total dos textos propostos. Além disso o manual apresenta também, de forma destacada, algum vocabulário e seu significado.

Em relação ao MD os dados são os seguintes:

Quadro 11 - Frequência de atividades no domínio da leitura, escrita, oralidade e CEL- MD

Manual Escolar - MD - *Porta Viagens*			
Leitura	**Oralidade**	**Escrita**	**CEL**
55	56	25	21

Gráfico 7 - Frequência de atividades no domínio da leitura, escrita, oralidade e CEL- MD

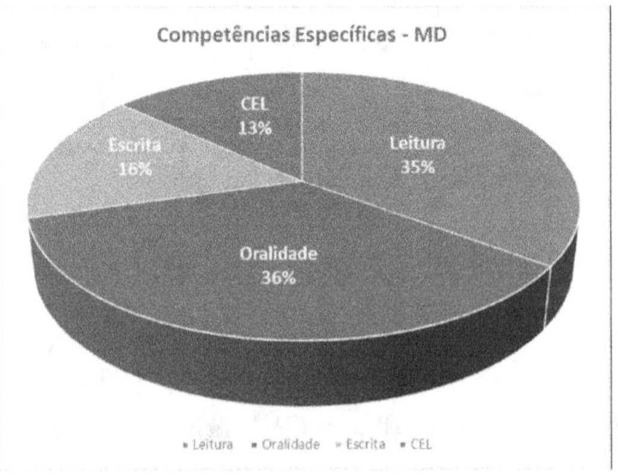

Ao contrário dos manuais anteriores, as atividades privilegiadas neste manual são do domínio da oralidade, com uma percentagem de 36%. Segue-se o domínio da leitura com valores muito próximos, cerca de 35% das atividades, depois a escrita com 16% e por fim o CEL com 13% (Gráfico 7). Este manual apresenta também diversos textos (36) na rubrica "Aprende", que pressupõem captar a atenção dos alunos para aspetos a reter nos vários conteúdos abordados, principalmente no âmbito do CEL, correspondendo a cerca de 39,5% num total de 91 textos (Quadro 6 e Anexo I). Em relação à inclusão de vocábulos e seu significado, ao longo de todo o manual só se encontrou uma alusão que se pode enquadrar na mesma tipologia. No entanto, algumas atividades remetem para a compreensão do significado de palavras ou expressões, dado o contexto, geralmente com resposta de escolha múltipla.

O ME apresenta os seguintes resultados:

Quadro 12 - Frequência de atividades no domínio da leitura, escrita, oralidade e CEL- ME

Manual Escolar - ME - *Pretextos*			
Leitura	**Oralidade**	**Escrita**	**CEL**
73	61	47	37

Gráfico 8 - Frequência de atividades no domínio da leitura, escrita, oralidade e CEL- ME

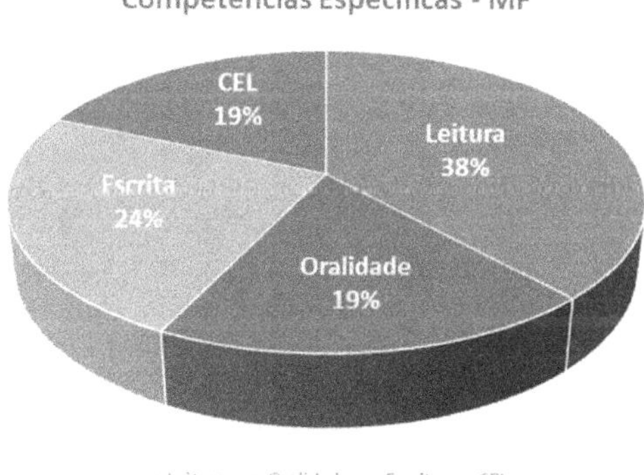

O ME também priveligia a leitura apresentando cerca de 33 % das atividades, seguido-se o domínio da oralidade com cerca de 28%, o domínio

da escrita com 22% e por último o domínio do CEL com 17% (Gráfico 8). Este manual só apresenta dois textos informativos ao longo de todo o manual, concentrando-se os dois na unidade 1 (Quadro 6 e Anexo I).

De salientar ainda que em termos das atividades de leitura, o manual remete essencialmente para a leitura compreensiva, incentivando muitas vezes a pesquisa de significados de palavras ou expressões noutros suportes, nomeadamente o dicionário e o seu registo no caderno de significados que acompanha o manual, denominado "Vocabulário com Juízo". Por outro lado, faculta muitas atividades que fomentam a compreensão do texto recorrendo às respostas de escolha múltipla ou por associação de expressões.

O ME recorre, ainda, a textos secundários para introduzir atividades do CEL e da escrita, além de frases, expressões ou passagens do texto principal.

Por último, apresentam-se os dados referentes à análise efectuada para o MF.

Quadro 13 - Frequência de atividades no domínio da leitura, escrita, oralidade e CEL- MF

Manual Escolar - MF - Etapas 5			
Leitura	**Oralidade**	**Escrita**	**CEL**
82	41	52	40

Gráfico 9 - Frequência de atividades no domínio da leitura, escrita, oralidade e CEL- MF

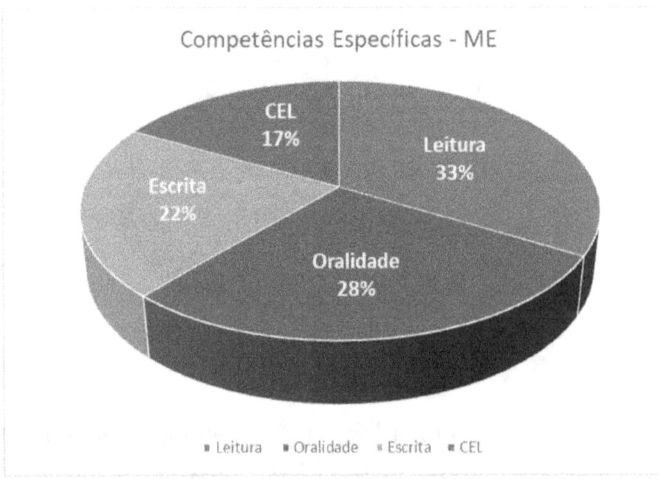

Seguindo as tendências da maioria dos manuais anteriores, o MF também priveligia a leitura com uma percentagem de atividades de 38%. Segue-se o domínio da escrita com cerca de 24% e as atividades reservadas ao CEL e à oralidade, ambas com 19% (Gráfico 11). Convém ainda salientar a presença de alguns textos informativos (59) que correspondem a cerca de 42% da totalidade dos apresentados (141) (Quadro 6 e Anexo I). Estes textos tornam-se complementares do texto principal na medida em que procuram esclarecer os alunos sobre diversos conteúdos, na sua maioria no domínio do CEL embora também façam referência a conteúdos noutras áreas.

Convém referir também que nas várias etapas que o manual propõe, cada uma correspondendo a uma competência específica, alguns textos/excertos aparecem subdivididos para continuarem a ser trabalhados noutros domínios (CEL, escrita ou oralidade). No entanto, foram contabilizados como um único texto.

2.1.3.1. Discussão dos resultados

No quadro seguinte (Quadro 14) pode-se verificar, comparativamente, a frequência com que as atividades dos diferentes domínios se apresentam nos manuais escolares. Apesar de anteriormente já se terem feito algumas alegações nesse sentido, reservou-se este capítulo para complementar essa informação.

Atividades	Manuais Escolares												Totais	
	MA	%	MB	%	MC	%	MD	%	ME	%	MF	%		
Leitura	74	39%	87	41%	82	43%	55	35%	73	33%	82	38%	453	100%
Oralidade	35	18%	50	24%	38	20%	58	36%	61	28%	41	19%	283	100%
Escrita	39	20%	32	15%	33	18%	26	16%	47	22%	52	24%	229	100%
CEL	45	23%	42	20%	35	19%	21	13%	37	17%	40	19%	220	100%
Totais	193	100%	211	100%	188	100%	160	100%	218	100%	215	100%	1185	100%

Quadro 14 – Frequência de atividades no domínio da leitura, escrita, oralidade e CEL

Conforme se pode confirmar há uma supremacia da competência da leitura em todos os manuais escolares, à exceção do MD, que apresenta mais 1% nas atividades reservadas à oralidade comparativamente com as atividades de leitura. Aliás, pela análise dos resultados, confirma-se que a oralidade ganhou algum significado em quase todos os manuais, apresentando uma percentagem de atividades entre os 18% (MA) e os 36% (MD), contrariamente ao que se vinha assistindo anteriormente. Efetivamente, as atividades em manuais anteriores[1], reportavam-se a atividades esporádicas assistemáticas, e sem qualquer controle do professor ou a meros exercícios de leitura em voz alta, individual ou coletivamente, sendo objetivo principal do professor verificar se o aluno tinha destreza na descodificação da mensagem escrita e na produção de textos orais. Nos manuais analisados pode dizer-se que, além de favorecerem mais a oralidade, na sua maioria transparece alguma preocupação por parte dos autores com o desenvolvimento da oralidade tal como é emanado nos PPEB (2009). Tanto a nível da compreensão oral como da expressão oral, nota-se que as atividades propostas tentam refletir os "*resultados esperados*" para o 2.º ciclo no que respeita a este domínio.

Assim, ao analisarem-se os manuais objeto deste estudo, de uma forma geral verifica-se que as atividades no domínio da oralidade remetem para atividades de observação, escuta e apresentações orais (Anexo I), tal como já foi exemplificado anteriormente. Numa análise manual a manual, constata-se que o MD promove mais atividades de escuta de natureza diversa (conto, lenda, entrevista, notícia, música...), remetendo muitas vezes para a interação verbal sobre o que foi ouvido. Com efeito, na rubrica "Falar", os autores convidam o aluno a expressar-se oralmente propondo apresentações à turma de vária ordem, nomeadamente histórias, poemas e adivinhas criadas, discussões sobre diversos temas, relatos, recontos, leitura expressiva ou representações de textos dramáticos. O reconto, descrição e recitação têm neste manual uma diminuta presença.

Por outro lado, o MB e MC privilegiam mais as atividades que promovem a interação verbal e exposições orais, nomeadamente troca de ideias, emissão de opiniões ou apresentações sobre pesquisas feitas. No entanto, atividades como o reconto e descrição têm também alguma relevância. O MA e MF, além de privilegiarem as atividades de escuta e/ou visualização de programas, documentários, reportagens..., dividem

[1] Compararam-se, a título de exemplo, manuais de 5.º ano (2000, 2004, 2008): Lopes, Maria do Céu, Dulce Neves Rola (2008). *Novo Português em Linha – Língua Portuguesa, 5.º ano*, Lisboa, Plátano Editora; Maia, Belmira (2004). *Onula no Planeta das Palavras – Língua Portuguesa, 5.º ano*, Lisboa, Texto Editora; Mocho, Ana Maria, Odete Boaventura (2000). *Nas Asas da Fantasia – Língua Portuguesa, 5.º ano*, Porto, Edições ASA.

as restantes atividades pelo domínio da interação verbal, apresentações orais, recontos, recitações e descrições. O MF também apresenta situações de dramatização. Em relação a este ponto convém salientar que o estudo dos textos dramáticos continua a ser marginalizado nos manuais em estudo ao apresentarem apenas 5% de ocorrências na totalidade dos textos (Quadro 7, *supra*).

Ainda, em relação à oralidade, é de salientar que, além das atividades propostas, se nota alguma preocupação em todos os manuais de incluírem indicações para guiar os alunos na construção/apresentação dos seus textos orais. Este facto, aliado às atividades propostas, permite o desenvolvimento da oralidade de uma forma mais formalizada e convencional e com um controlo mais consciente e voluntário da linguagem oral. Na realidade, ao proporem atividades no domínio da oralidade, os manuais contribuem para o desenvolvimento da competência comunicativa, ou seja, adequar a fala dos alunos aos mais diversos contextos socio-comunicativos, assim como o estabelecimento de traços distintivos entre a língua falada e a língua escrita. No entanto, nota-se ainda a falta de situações em que o aluno seja chamado a intervir ativamente em contextos mais formais, que exijam preparação e estruturação adequada da fala, ou seja, uma aprendizagem explícita de técnicas de expressão oral e de mobilização de vocabulário, nomeadamente debates, apresentações de trabalhos de pesquisa, de preferência com o apoio de recursos audiovisuais, informáticos ou outros, exprimir conhecimentos, emitir e defender opiniões, construir argumentações, através de um discurso convincente e com alguma complexidade (Reis *et al.*, 2009: 81).

É certo que, estando em contacto com várias formas do oral, nomeadamente através da audição ou visualização de situações que pressuponham diferentes géneros textuais, nomeadamente "os géneros públicos" (Silva, Viegas, Duarte e Veloso, 2011: 26), o aluno pode assimilar alguns conhecimentos. Porém, considera-se que colocar o aluno em contexto de prática poderá trazer mais benefícios, na medida em que pode treinar características específicas ao texto oral, nomeadamente, capacidades articulatórias e prosódicas (entoação, ritmo, tom de voz...) e outros elementos essenciais na comunicação oral, dependendo da situação.

Por outro lado, também não se encontraram nos manuais indícios que se possam enquadrar na avaliação da compreensão e expressão oral, isto é, numa análise dos produtos verbais a partir de grelhas de auto e heteroavaliação, conforme recomendações gerais para o planeamento, execução e avaliação das atividades de compreensão e de expressão oral (Silva, Viegas, Duarte e Veloso, 2011: 26).

Em suma, constata-se que transparece na maioria dos manuais alguma preocupação em introduzir a oralidade na sala de aula, não apenas para desenvolver a capacidade de falar em geral, mas também "como um domínio rigorosamente programado de conteúdos" (Reis *et al.*, 2009: 109). Falta saber se os professores na sua prática pedagógica deixarão o desenvolvimento da oralidade mais como meio de transmissão, ou se a veem mais como objeto do próprio ensino-aprendizagem, dada a complexidade que a abordagem no domínio da oralidade apresenta em contexto pedagógico, comparativamente com os outros domínios (leitura escrita e CEL). Na verdade, o modo oral exibe algumas características que podem dificultar a sua implementação na sala de aula, nomeadamente no que se refere à avaliação, tendo em conta determinadas generalizações que lhe são afetas, tal como refere o guião de implementação do oral (Silva, Viegas, Duarte e Veloso, 2011: 7).

No que se refere à preponderância da leitura, julga-se poder justificá-la com a importância que lhe tem sido dada no currículo, não só por constituir uma prática curricular transversal, como por ser fundamental no desenvolvimento dos níveis de literacia. Por outro lado, ganha também importância pela função que os textos adquirem nos manuais, uma vez que continuam a ser "pretexto" para a extração de informação e/ou treino de competências no domínio das comunicações verbais em atividades variadas, geralmente sob a forma de questionário. Na verdade, a leitura envolve atividades muito diversificadas, devido à variação que se regista na intervenção dos elementos da própria comunicação.

Mesmo não constituindo objeto deste estudo uma análise exaustiva dos aspetos processuais da leitura que integram cada manual, não se quis deixar de tecer mais algumas observações a esse respeito. Assim, da análise efetuada pode-se concluir que são valorizadas instruções de leitura em todos os manuais, que reenviam para o desenvolvimento de competências relacionadas com a compreensão de textos e tendo em conta "múltiplas literacias" (Reis *et al.*, 2009: 102), tal como recomendado nos PPEB (2009).

Exemplos:

MA: "Resume o texto numa frase, respondendo às seguintes perguntas:

Onde? ➔ Fez o quê? ➔ Onde? ➔ Quando?
Atenção: Não é obrigatório respeitar esta ordem." – p. 64

MB: "Indica a razão que levou João a procurar o Dr. Inventino.

- Transcreve uma expressão que comprove a tua resposta." – p. 78

MC: "Lê a prancha de banda desenhada, constituída por quatro tiras e onze vinhetas.

- Reconta oralmente a história desta prancha, sem esquecer de referir as personagens e os espaços." – p. 30

MD: "Explica os conteúdos da mensagem que se pretendeu comunicar em cada um dos provérbios." – p. 47

ME: "Responde às questões sobre o texto.

- Indica de que modo a avó Dulce ocupava o seu tempo nas noites de verão." – p. 74

MF: "Lê o texto informativo sobre a origem das estações do ano.

- Completa o esquema no teu caderno." – p. 99

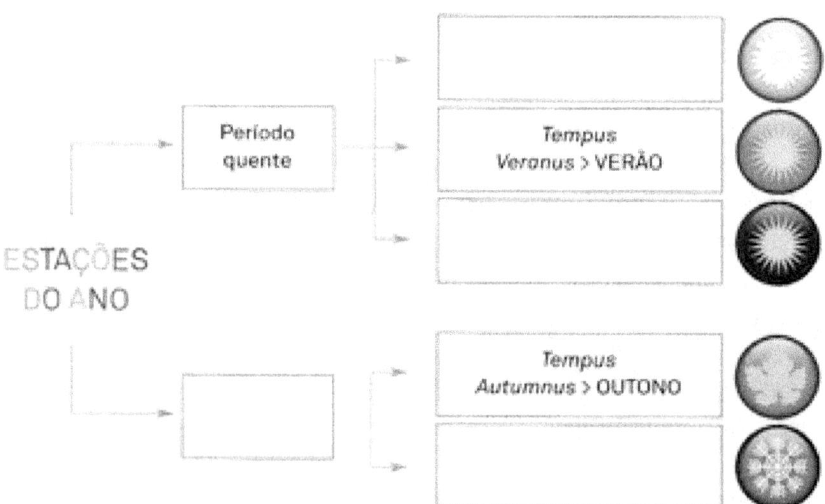

São ainda reconhecíveis algumas instruções de leitura que remetem para o estabelecimento de relações intertextuais, mais visíveis nuns manuais do que noutros. Por exemplo, o MB apresenta de forma explícita a intertextualidade na rubrica "Para ler mais", onde os textos, na sua maioria, estão em estreita relação com o texto principal, valorizando, nalguns casos, as recomendações do programa ao favorecer a construção de relações de intertextualidade para que os alunos compreendam que "os textos não vivem por si só, que remetem uns para os outros de diferentes maneiras: por analogia, por contraste, por complementaridade, por recurso a imitação criativa" (Reis *et al.*, 2009: 102).

Exemplo:
MB: "Longe das fábulas e dos contos, existem lobos reais... E algumas espécies correm risco de extinção, como é o caso do lobo ibérico.

- A notícia abaixo apresenta um projecto que associa as novas tecnologias à preservação desta espécie animal. Lê-a atentamente. (...)" – p. 130

Em contrapartida, nos outros manuais essas instruções são mais dissimuladas ou praticamente inexistentes. Ao invés de explorarem a interação e o contacto dos alunos com uma multiplicidade de géneros textuais acabam por remeter para atividades que não são mais do que duplicações que o texto principal propicia.

Exemplo:
ME: "Lê a lenda de Vila do Conde (...)

- Copia o quadro para o caderno diário. Transcreve as formas verbais do modo indicativo, agrupando-as como é pedido. (...)" – p.183

Esta atividade surge na rubrica "Oficina Gramatical", onde o texto "A Moura de Querença", extraído da obra "Lendas Portuguesas", da autoria de Fernanda Frazão surge como principal na abordagem ao conceito de "lenda".

Por sua vez, o MD, na rúbrica "Viajar +", remete para novas leituras, convidando o aluno a ler várias obras com o intuito de conhecer mais autores ou livros sobre os temas apresentados nos textos do manual. O ME, na rubrica "Caderno de Leitura", remete também para a leitura integral dos livros de onde são retirados os excertos que integram cada unidade, numa visão que se entende de complementaridade e, por outro lado, de tentativa de respeitar a integridade das obras. Em relação a este ponto, há a salientar que todos os manuais, em maior ou menor número, exibem textos adaptados e/ou com supressões, alguns devidamente assinalados. No entanto, dado o seu número que remete para um estudo mais exaustivo e, por conseguinte, objeto de outra pesquisa, não se pôde concluir se desvirtuam "a integridade e a autenticidade das formas e sentidos originais" (Reis *et al.*, 2009: 101), tal como é recomendado nos PPEB (2009).

Em relação à didática da leitura presente em todos os manuais, considera-se ainda muito marcada pelas abordagens estruturalistas, onde a leitura é entendida como uma atividade de mera descodificação das informações contidas no texto. Nota-se que um grande número de atividades aponta para uma atuação passiva do leitor/aluno quando visam, sobretudo, descobrir a intencionalidade do autor, as suas ideias, para simples retenção e reprodução. No entanto, encontraram-se indícios de mudança com abordagens à leitura mais na perspetiva da análise do discurso, de antecipação do tema, de mobilização de conhecimentos, em suma uma abordagem mais discursiva da leitura.

Por fim, através da análise das atividades assinaladas no domínio da leitura, conclui-se que, nos manuais selecionados, ler parece significar ler textos literários (narrativos e poéticos), enquanto os restantes textos surgem como uma opção coadjuvante. De facto, o texto narrativo continua a ser privilegiado, principalmente enquanto texto principal, pois nos textos considerados como secundários é onde se verifica maior diversidade textual. Esta situação aparece reforçada pela presença de mais propostas de atividades a realizar em torno destes textos em detrimento dos demais de cariz mais funcional. Todavia, percebe-se que algo está a mudar na forma como os autores dos manuais encararam o domínio da leitura ao apostarem na introdução, de uma maior diversidade de textos não literários, mormente textos dos *media*, e em diversos suportes, incluindo alguns facultados pelas novas tecnologias, tal como preconizam os PPEB (Reis *et al.*, 2009: 62). Por outro lado, verifica-se a presença de atividades que incluem de forma sistemática a fase de preparação da leitura, nomeadamente, a antecipação do tema do texto, bem como a mobilização de saberes prévios dos alunos sobre o tema em análise; a fase da leitura em que aparecem, por exemplo, processos de esquematização da informação do texto que preparam a sua compreensão e uma fase de sistematização, reflexão sobre o próprio texto e descodificação da sua intenção. Estas três fases retratam a perspetiva evolutiva do PPEB (2009:

70) para a competência da leitura, realçando-se que "o aluno deve tomar consciência e aprender a pôr em prática três etapas fundamentais do acto de ler: pré-leitura, leitura e pós leitura" (Reis *et al.*, 2009: 70). O MB, o MD e o ME apresentam inclusive rubricas que distinguem a fase da pré-leitura, denominadas "Antes de ler" (MB e ME) ou "Preparativos" (MD).

Relativamente às atividades associadas à escrita e CEL também encontram eco em qualquer um dos manuais analisados, com percentagens entre os 16% (MD) e os 24% (MF) para a escrita e os 13% (MD) e os 23% (MA) para o CEL. No que se refere às atividades de escrita, verifica-se que são relegadas para terceiro plano (MA, MD e ME) ou quarto plano (MB, MC) em relação às restantes atividades. Só o MF privilegia a escrita em segundo lugar (Quadro 14). Este facto não é compatível com as novas orientações do programa, que reclamam a mesma atenção para cada uma das competências e de forma integrada. Com efeito, o PPEB (Reis *et al.*, 2009: 68) recomenda que as "actividades planificadas com o objectivo de desenvolver uma competência específica devem coexistir com actividades onde as diferentes competências são trabalhadas de forma integrada".

Na análise efetuada, constata-se que há uma maior preocupação por parte dos autores em sugerir propostas de trabalho que propiciam o desenvolvimento da competência de escrita em prol dos "*resultados esperados*" no PPEB, principalmente se comparados com manuais de edições anteriores, que condicionavam a prática pedagógica, orientando-a para práticas descritivas ou compreensivas acerca de textos ou para o estudo do CEL. Inclusivamente nas atividades propostas no domínio da escrita, estudos anteriores apontam que grande parte é de mera expressão de ideias ou sentimentos e não promovem a reflexão sobre a construção do texto. Inclusivamente naquelas que evidenciam aspetos referentes à escrita para aquisição de técnicas e de modelos, a explicitação é normalmente feita com base no produto, a partir de modelos, raramente na ótica do processo (Carvalho,1999: 186; 2001: 85).

Na verdade, comparando os seis manuais em estudo com os de edições anteriores, verifica-se que há um certo grau de evolução na elaboração de atividades referentes à escrita. Nota-se a existência de alguns mecanismos facilitadores das tarefas para o aluno, bem como uma linha orientadora, que promove o desenvolvimento da escrita, ainda que se continue a dar ênfase ao produto de escrita em detrimento de atividades relacionadas com o desenvolvimento processual da mesma. Com efeito, constata-se que os manuais, de uma forma geral, fazem pouca referência aos subprocessos de escrita: a planificação, textualização e revisão. Mesmo quando o fazem, na maior parte das vezes, é de forma pouco clara, cingindo-se a aspetos superficiais ou demasiado gerais que não ajudam o aluno a interiorizar o processo de escrita e a ser "cada vez mais autónomo na realização das tarefas de escrita" (Reis *et al.*, 2009: 71). Mostram maior preocupação pelo texto-produto em detrimento do processo da sua construção.

Exemplos:

MA: "Ouve atentamente a gravação de outro conto tradicional e, de seguida, resume-o por escrito, de acordo com estes passos:

- Ordenação das vinhetas [trabalho individual]
- Redação de uma legenda para cada vinheta. [trabalho colectivo]
- Resumo do conto a partir das legendas. [trabalho colectivo]

(...)" – p. 81

MB: "Lê atentamente os significados seguintes:

Cão, n. m.	**1** ZOOLOGIA mamífero carnívoro, da família dos Canídeos, domesticado e representado por numerosas raças; (...)
Gato, n. m.	**1** ZOOLOGIA mamífero carnívoro, da família dos felídeos, existente no estado selvagem, mesmo em Portugal, mas representado em quase todo o Globo por inúmeras espécies e raças domesticadas; (...)

AA. VV., 2010. Grande Dicionário Língua Portuguesa. Porto: Porto Editora (texto com supressões)

- Além do significado relacionado com a Zoologia - a ciência que estuda os animais -, as palavras *cão* e *gato* podem ter outros significados. Escreve o que representa para ti cada um destes animais, referindo, por exemplo:

a) Algumas das suas características;
b) O que podem representar para os seres humanos;
c) Alguns nomes que lhes podem ser atribuídos." – p. 65

MC: "Inspira-te no poema «O relógio», escolhe um som que seja habitual ouvires e escreve uma onomatopeia que o reproduza.

Escreve um texto poético em que uses essa onomatopeia e exprime os teus sentimentos em relação ao som que escolheste." – p. 175

MD: "O Livro *Eu bem vi nascer o sol*, de Alice Vieira, contém um conjunto de lengalengas, cantigas e histórias de origem popular que eram e ainda são cantadas e contadas às crianças.

O texto a seguir (...) foi retirado desse mesmo livro e poderá servir de base a um conto. (...)

- Seleciona uma estrofe do poema e constrói uma narrativa.
    . Na tua história devem entrar as personagens referidas na estrofe e o fecho da narração deve ser idêntico ao da respectiva estrofe. (...)" – p.83

ME: "Escolhe um bicho mencionado no poema «Televisão ou não» e faz a sua descrição em verso, de acordo com a tua imaginação.

REGRAS Estilo: poesia.
Limite: 5 versos (não mais), que podem ou não rimar.
Tema:Um animal à tua escolha." – p. 144

- Num texto de 5 a 10 linhas, conta a história desta tira. Não te esqueças de:
    . Descrever o que terá acontecido ao Calvin e ao Hobbes;
    . Identificar a personagem a quem Calvin recorre para obter ajuda;
    . Imaginar o que Calvin fará de seguida para tentar recuperar o amigo." – p. 28

Por outro lado, em alguns manuais, surgem instruções para os alunos sobre a estrutura ou esquema do texto a produzir baseando-se as atividades de escrita em meras reproduções de modelos previamente apresentados.

Exemplos:

MA: "Imagina a seguinte situação: a mãe de Mariana autorizou a filha a participar no passeio escolar, mas quer saber algumas informações. Para tal, escreveu a seguinte carta ao director de turma: (...).

- Escreve, em quinze linhas, a carta que a Mariana poderia ter enviado aos pais no último dia do passeio. Respeita a estrutura de uma carta. (ver modelo acima.)" – p. 26

MC: "Escolhe um dos objetos perdidos pelos poetas e escreve um anúncio para publicar num jornal, de acordo com o modelo. (...).

- Relê o teu anúncio, verificando se as frases são curtas e claras e se forneces todas as informações necessárias." – p. 169

MD: "Imagina que o coelho e Chipha Dzuwa querem convidar os amigos para a festa do seu casamento. A partir do modelo que te é apresentado, redige esse convite. (...)" – p. 66

MF: "Salta-Pocinhas casara e, pensando em aumentar a família, necessitava de uma nova casa. Decidiu escrever um anúncio para espalhar pela floresta e no jornal da aldeia, encontrou um modelo: (...)

- Servindo-te do modelo acima, redige o anúncio que Salta-Pocinhas terá escrito. Usa também as seguintes pistas.
  . TÍTULO – apartamento/casa
  . CORPO DO TEXTO – pequena/grande/abafada/arejada
  . CONTACTOS – casa do texugo/casa do lobo/Brutamontes/telefone." – p. 170

A escrita também surge muitas vezes como resultado de atividades de leitura e não como modalidade autónoma, conforme já foi referido anteriormente. Por outro lado, nota-se que existe algum cuidado em propor aos alunos a produção de diferentes tipos de texto e com algum grau de funcionalidade e significação.

Em contrapartida, há outro aspeto a salientar considerado nos "*resultados esperados*" do PPEB (2009) e que se observou praticamente inexistente nos manuais escolares. Diz respeito à produção de textos coesos e coerentes. Na realidade, está comprovado em diversos estudos que os alunos, de uma maneira geral, apresentam dificuldades em estabelecer nas suas produções escritas alguma forma de unidade ou relação entre os seus elementos. Geralmente acabam por produzir frases soltas, sem uma relação entre elas ou sem uma continuidade de sentido percetível nos textos que produzem. Daí que as indicações do PPEB (Reis *et al.*, 2009: 77) no que se refere ao aluno "produzir textos coerentes e coesos em português padrão, com tema de abertura e fecho congruente, com demarcação clara de parágrafos e períodos e com uso correcto da ortografia e da pontuação" não estejam devidamente contempladas nos manuais em análise.

Numa perspetiva comparativa entre os manuais em relação à competência da escrita, constata-se que o MC é o manual que apresenta um maior número de atividades, em que os processos de escrita estão mais presentes e figuram de forma mais explícita. Com efeito, o MC aponta na maioria das atividades vários passos a seguir na produção de um texto que correspondem, mormente, a atividades de planificação, textualização e revisão. Do mesmo modo fornece modelos para guiar o aluno. Contudo, não prevê a divulgação dos diferentes tipos de texto fora do contexto da sala de forma a valorizar as produções dos alunos, que, tal como preconiza o PPEB, deveriam "ser criados circuitos que possibilitem a sua divulgação, nomeadamente blogues, jornais de turma e de escola, etc." (Reis *et al.*, 2009: 71).

No MD ocorrem, também, com alguma frequência, atividades processuais de escrita, assim como no MF, sendo que neste caso muitas delas remetem para uma primeira atividade em que foram facultados os tópicos a seguir na construção de um texto. Igualmente o MB remete grande parte das atividades de escrita para o seu bloco informativo, onde faculta as várias fases de produção textual (planificação, textualização e revisão). É também no bloco informativo que explicita os vários tipos de texto, nomeadamente o texto narrativo, o texto descritivo, o texto poético e o texto dramático, assim como alguns géneros de texto narrativo (fábula, lenda, biografia, autobiografia e diário) e outros tipos de texto como a notícia, carta, banda desenhada e recado e que poderão servir de modelo no contexto de atividades de escrita. No MA e ME, embora se possa considerar algumas atividades a nível processual, as indicações não são tão explícitas na maioria delas, embora o MA tenha alguma preocupação de dar algumas na rubrica "Fixa".

Convém ainda relembrar que o MA, MB e MF relegam algumas

atividades de escrita para o caderno de atividades. Apesar de não terem sido consideradas na análise quantitativa por questões de equidade, achou-se importante fazer-lhe referência neste estudo, principalmente porque a maioria das atividades nestes três cadernos dizem mais respeito à escrita processual e a outros aspetos a ter em conta na redação de um texto.

O MA inicia a rubrica referente à escrita com exercícios de aplicação de conetores ou articuladores do discurso para treinar a produção de um texto coeso, com sentido, coerente. As tarefas seguintes reportam-se à escrita de diferentes géneros textuais como o texto instrucional, relato e narrativa. Na parte final apresenta atividades que remetem para o planeamento, revisão e aperfeiçoamento de textos. O MB também apresenta atividades de escrita de diferentes géneros textuais, mas limita-se a dar indicações iniciais sobre o que o aluno pode escrever e a recomendar que o aluno proceda à planificação do trabalho, e no final efetuar uma revisão cuidada dos seus textos. O caderno de atividades do MF é o que apresenta um leque de atividades mais completas em relação à escrita. Na rubrica "Oficina da Escrita" começa por privilegiar a organização e articulação de frases, do mesmo modo que propõe exercícios de ortografia, pontuação e ordenação de partes constituintes de textos e de escolha de palavras para iniciar parágrafos facultados. No que se relaciona com a produção de textos, propõe vários géneros textuais, assim como diversifica as propostas sobre o modo do seu planeamento e redação recorrendo a esquemas, mapas de conceitos, modelos ou incentivando a planificação, redação e revisão.

Em síntese, parece legítimo concluir que, em termos das atividades que implicam o recurso à escrita, e apesar de algumas diferenças entre os manuais, houve uma valorização no desenvolvimento da competência da escrita processual, embora se considere continuar a haver aspetos fundamentais que carecem de ser explorados e treinados, nomeadamente a planificação e sobretudo a revisão e aperfeiçoamento do conteúdo, e ainda a variação das características do texto em função da variação do contexto de comunicação, aspetos também reconhecidos em estudos anteriores, nomeadamente, nos de José Carvalho (1999: 186; 2001: 85).

No que se refere ao CEL, verifica-se uma tentativa de abordar esta competência de forma autónoma, reservando-lhe todos os manuais um capítulo próprio, tal como já foi referido. No entanto, nas atividades propostas ainda se nota, de modo geral, a dependência e complementaridade em relação às outras competências (oralidade, leitura e escrita), o que não traduz as indicações do PPEB (2009) quando assume "que o Conhecimento Explícito da Língua é uma competência a ser trabalhada, tal como a leitura, a escrita ou oral" (Costa, Cabral, Santiago e Viegas, 2009: 10). Convém também relembrar que os cadernos de atividades de todos os manuais exploram essencialmente o CEL, atividades essas que não foram contabilizadas neste estudo por este se cingir essencialmente aos manuais escolares. Embora se considere uma competência importante em contextos de transversalidade, uma vez que o seu domínio permite escrever, ler e expressar melhor, não se pode esquecer também que "assumir a nuclearidade do Conhecimento Explícito da Língua é revalorizar o seu papel e, consequentemente conceber um trabalho sobre a gramática que implica abordagens autónomas, com tempo e centradas no desenvolvimento desta competência" (Costa, Cabral, Santiago e Viegas, 2009: 12).

Pela análise efetuada, ainda que de forma superficial, pode-se concluir que as indicações do PPEB (2009) para o domínio do CEL, nomeadamente "descobrir regularidades na estrutura e no uso da língua, com base em práticas de experimentação (...), explicitar regras e treinar procedimentos do uso da língua nos diferentes planos" não estão completamente contempladas. Descobrir regularidades na estrutura e no uso da língua parece ser o menos explorado. Mesmo nos cadernos de atividades, onde o CEL é abordado de forma mais autónoma, não se encontraram exercícios que se julgue poderem enquadrar-se nessa tipologia.

Em resumo, apesar de algumas diferenças verificadas nos manuais escolares analisados, conclui-se que, de uma forma geral, todos eles seguem diretrizes emanadas do PPEB (2009) numa perspetiva de inovação, principalmente no que se refere à abordagem da competência da oralidade e da escrita processual. Com efeito, deu-se conta de algum movimento de mudança no sentido de novas formas de abordagem nas diferentes práticas de comunicação verbal nos manuais escolares que visam, sobretudo, adequar-se "à realidade e às circunstâncias actuais do ensino e da aprendizagem do Português" (Reis *et al.*, 2009: 3) e ao desenvolvimento das competências específicas de ler, escrever, falar.

Importa agora concretizar essa mudança, envolvendo os vários intervenientes no processo de ensino-aprendizagem do Português, inclusive os manuais escolares, uma vez que se chegou à conclusão de que reforçaram o seu papel de recurso didático estruturante do trabalho pedagógico ao abarcar a aula de Língua Portuguesa através da proliferação de informações e atividades que apresentam. Efetivamente, os manuais continuam a desempenhar o papel de reguladores das práticas pedagógicas no ensino do Português, tomando como presentes as palavras de Rui Castro (*apud* Carvalho, 2001: 85) quando chama a atenção para a importância que ainda é atribuída aos manuais escolares, apesar do aparecimento de meios alternativos de transmissão do conhecimento. Importa ainda frisar que "constituindo o manual escolar um elemento com um forte poder regulador da prática pedagógica, da sua análise pode inferir-se o que acontece na aula de Português (...)" (Carvalho, 2003: 110). Daí a importância deste estudo, uma vez que permite uma reflexão sobre o âmbito das funções e estatuto dos manuais escolares, para que a sua conceção, produção e respetivas escolhas sejam mais adequadas aos objetivos do processo de ensino-aprendizagem do Português; "[s]ó assim será possível proporcionar aos alunos que frequentam a escola o verdadeiro domínio da língua portuguesa (...)" (Carvalho, 2003: 115).

Como proposta de atividades no âmbito dos PPEB (2009), remete-se para o Anexo II, onde se apresentam algumas atividades no âmbito da leitura, oralidade, escrita e CEL.

CONSIDERAÇÕES FINAIS

Partindo da associação entre informações recolhidas através de revisão bibliográfica e a análise dos dados obtidos através de processos metodológicos de investigação, eis que chegados à parte final desta dissertação se procura tecer algumas considerações finais acerca deste estudo de carácter meramente descritivo.

No decorrer desta pesquisa procurou-se analisar de que forma as práticas de comunicação verbal estão presentes nos manuais escolares e em que medida as atividades propostas dão cumprimento às orientações do discurso oficial contextualizado no PPEB (2009), uma vez que os manuais prevalecem como eixo configurador das práticas pedagógicas. Para esse fim foram analisados seis manuais de Português do 5.º ano de escolaridade, que constituem o grupo de manuais adotados nas escolas do distrito de Évora para o período compreendido entre 2011-2017, conforme legislação em vigor onde é referido que "o período de vigência dos manuais escolares do ensino básico e do ensino secundário é, em regra, de seis anos, devendo ser idêntico ao dos programas das disciplinas a que se referem" (Lei n.º 47/2006 de 28 de Agosto, art.º 4.º, n.º 1).

No início deste estudo procedeu-se, no Capítulo I, a uma breve caracterização do meio. Interessava saber em que contexto cada manual analisado poderá ser utilizado para melhor aferir a sua adequação à realidade local. Iniciou-se por caracterizar a região Alentejo (Nut II) no que respeita à educação. Concluiu-se que o Alentejo, embora seja a maior região (NUT II) do país, se caracteriza pelo envelhecimento populacional e baixos níveis de escolaridade e ainda pela fraca capacidade de atração e retenção da população mais jovem, refletindo-se, não só no plano económico, como a nível da educação. A região distrital de Évora a que corresponde praticamente a sub-região do Alentejo Central (NUT III), não é exceção. Verificam-se, na generalidade, as mesmas características, salvaguardando alguns concelhos, nomeadamente o de Évora, que mantém uma maior dinâmica a nível regional, com indicadores mais positivos em relação à média regional. Para melhor conhecer o contexto escolar também foi feita uma breve caracterização dos concelhos e das respetivas escolas que integram o distrito, chamando-se a atenção para o reduzido número de turmas/alunos de 5.º ano na maioria das escolas

(Quadro 2), o que faz antever a existência de uma baixa percentagem de população jovem, contribuindo, de certa forma, para o aumento do índice de envelhecimento da população residente na região em estudo. Este facto, aliado às baixas qualificações académicas que ainda se fazem sentir, contribui também para o problema de desequilíbrio económico e demográfico que se faz sentir na região.

O Capítulo II foi reservado a breves aspetos teóricos. Uma vez que o estudo incide sobre as práticas de comunicação verbal, entendeu-se pertinente clarificar alguns conceitos relacionados. Tratou-se de forma breve um conjunto de conceitos, como "comunicação", "linguagem", "língua" e "fala". Mais direcionado para o tema em estudo abordaram-se os conceitos pelos quais são denominadas as competências específicas no PPEB (Leitura, Oralidade, Escrita e CEL) e que constituem as práticas de comunicação verbal. Assim, referiu-se que a comunicação, desde muito cedo teve um lugar de supremacia no desenvolvimento da espécie humana, ligando tal conceito à linguagem verbal, língua e fala. Uma vez que a lingua escrita, ao contrário da oral, não se desenvolve de forma espontânea, não é geral a todas as comunidades nem universal, impõe-se o recurso ao ensino formal para a aquisição de competências ligadas à leitura (ou "extracção de significados de cadeias gráficas") e à escrita (ou "produção de cadeias gráficas dotadas de significado"), bem como às competências relacionadas com a consciencialização linguística (Franco, Reis e Gil, 2003: 23), que se manifesta nas várias componentes da gramática (envolvendo unidades distintivas e unidades significativas). Costa, Costa e Gonçalves (2017: 410) referem mesmo a convicção de vários autores de que, no domínio da linguística educacional, "a promoção da consciência linguística é preditora do sucesso na aprendizagem da leitura e da escrita".

É no contexto destas relações que se enquadram os manuais escolares de Português "ao funcionarem como elemento estruturador dos conteúdos de determinada disciplina e dos processos da sua transmissão e aquisição" (Carvalho, 1999: 179), tornando-se, por isso, importante instrumento orientador de práticas pedagógicas. Dada esta importância, julgou-se pertinente a sua abordagem no contexto do sistema educativo, procurando-se, num primeiro ponto, apresentar uma definição de manual escolar e salientar as suas características, estatuto e funções. Por outro lado, também se considerou importante abordar a história do manual escolar e a sua importância na contextualização histórica do ensino em

Portugal, assim como o seu papel na promoção de comunicação verbal, uma vez que ambos estão interligados ao longo do tempo. Procurou-se saber em que circunstâncias se deu o seu aparecimento e compreender em que moldes ocorreu a sua evolução até à massificação dos manuais atuais. Da pesquisa que foi feita há a salientar a centralidade que o manual escolar possui em termos pedagógicos e a sua relação com o conhecimento transmitido. De facto, o manual escolar tem um papel de mediador entre o Programa e os alunos, servindo de referência para o professor, condicionando, não só as práticas letivas ao definir conteúdos, como as formas da sua apropriação.

Em termos históricos verifica-se que os primeiros manuais vêm da Idade Média pela mão do clero. Assim, os currículos e planos de estudos variaram em função da conjuntura da época, dos ideais da igreja, dos mestres-escola, dos seus superiores. Os manuais foram objctos raros, de difícil manuseamento e de utilização coletiva. Com a descoberta da imprensa por Gutenberg, o livro torna-se mais comum e de mais fácil acesso, pelo que se tornou no grande expoente e difusor da cultura. É neste contexto que surgem os primeiros manuais escolares – cartilhas, gramáticas (sobretudo de latim), dicionários, entre um grande número de outras obras. Já no século XX, os manuais escolares são sujeitos a concurso e apreciados por uma comissão técnica antes de serem apresentados aos alunos.

Atualmente assiste-se a uma extraordinária propagação de manuais escolares em todas as disciplinas, a par da liberdade e autonomia editorial para a sua conceção. Contudo, o Estado controla as suas edições através de mecanismos de avaliação e certificação. Na realidade, os manuais editados devem reger-se pelos princípios orientadores consignados na Lei n.º 47/2006 de 28 de agosto que recomenda "qualidade científico-pedagógica dos manuais escolares e sua conformidade com os objectivos e conteúdos do currículo nacional c oricntações curriculares" (art.º 2.º, n.º 1, alínea d)). Esta Lei prevê ainda um sistema de avaliação e certificação prévia à adoção dos manuais escolares pelas escolas, a cargo de uma comissão de avaliação constituída por especialistas de reconhecido mérito. Por tudo isto não é alheia a relação entre os manuais escolares, os programas e demais documentos oficiais que regulam a prática pedagógica.

No que concerne mais especificamente aos manuais de Língua Portuguesa, verificou-se que os programas educativos emanados dos vários governos começaram por propor para o ensino/aprendizagem uma antologia de textos, tanto em prosa como em verso e de complexidade variada conforme o nível de escolaridade. A gramática e o dicionário eram tidos como materiais indispensáveis a acompanhar o manual. Os manuais escolares de hoje apresentam-se organizados, na sua grande maioria, por temas ou unidades, uma delas dedicada à gramática, não deixando, contudo, a sua génese – o texto. No entanto, há maior preocupação na diversificação dos textos, principalmente ao integrarem textos não literários. Por outro lado, nas atividades apresentadas nota-se também a presença de orientações emanadas dos novos textos programáticos.

Os programas, e muito especificamente para este caso, os programas de português, são considerados um referencial básico no contexto da educação, pelo que ao longo dos anos têm sido alvo de constantes reformulações, a fim de promoverem o sucesso educativo e aprendizagens significativas, assim como o desenvolvimento de competências específicas, que, no caso do Português, passam pelo desenvolvimento de práticas de comunicação verbal, como a leitura, escrita, oralidade em estreita ligação com o CEL. Assim, traçaram-se algumas linhas gerais sobre várias reformas ocorridas e as inovações daí decorrentes, ao nível dos programas oficialmente estabelecidos.

Na fundamentação teórica com que se iniciou este ponto, procurou-se definir o que é o programa e analisaram-se alguns estudos nacionais e internacionais sobre determinadas áreas problemáticas que levaram à última reformulação dos PPEB (2009). Uma vez que nenhum programa representa uma rutura com os anteriores, procurou-se também dar uma visão diacrónica sobre os programas de Português até à implementação dos PPEB de 2009. Constatou-se que, na tentativa de se solucionarem algumas áreas críticas, foram introduzidos inovações e reforços pertinentes em relação a documentos anteriores, que se querem propulsionadores do desenvolvimento das competências específicas na Língua Portuguesa. De entre essas mudanças, há a salientar a matriz comum aos três ciclos do Ensino Básico, onde está subjacente a ideia de progressão e aprofundamento dos conhecimentos. Em relação ao estatuto do Português, enquanto disciplina curricular, salientou-se a importância, transversalidade e centralidade que tem vindo a assumir nos *curricula*, assim como o carácter multidimensional, integrador e de suporte que lhe é atribuído no desenvolvimento das competências da linguagem oral e escrita.

Por último, no Capítulo III, reservado ao estudo empírico, procurou-se dar resposta aos objetivos delineados para este trabalho, bem como caracterizar o objeto de estudo que se propôs analisar: os manuais escolares de Língua Portuguesa do 5.º ano de escolaridade adotados nas escolas do distrito de Évora no ano letivo de 2011-2012. Com isto pretendia-se verificar até que ponto a amostra selecionada refletia no seu interior as novas orientações curriculares no domínio das práticas verbais e quais as suas tendências. Iniciou-se este capítulo com a apresentação dos manuais escolares e sua organização geral. Seguidamente, procurou-se fazer a análise e interpretação dos dados. Para isso definiram-se as categorias dos textos dos manuais, classificando-as quanto ao tipo e modo literário. Definiu-se, igualmente, o que se entendia por atividade e muito especificamente o que se considerou como atividade de leitura, atividade de escrita, atividade oral e atividade do CEL. O procedimento analítico passou pela identificação e contabilização das frequências em que ocorreram as atividades nos diferentes manuais escolares, assim como dos textos que lhes são inerentes. Da análise e discussão dos resultados conclui-se que houve uma preocupação em adequar os instrumentos didáticos às inovações curriculares emanadas dos PPEB (2009). Na verdade, os manuais escolares sofreram algumas adaptações na sua conceção e configuração devido às novas orientações curriculares, nomeadamente a valorização da oralidade. Contudo, não se dissociaram na totalidade das suas características anteriores, na medida em que continuam a ser fundamentalmente manuais de leitura, de escrita e do CEL, onde a oralidade emerge nalguns casos em 1.º ou 2.º plano como atividade privilegiada, constituindo por isso um aspeto inovador. De um modo geral verificou-se maior diversidade nos textos e nas atividades, e ainda a introdução das TIC mais visível nalguns manuais, embora, na sua maioria, se apresente na forma de audição (ouvir trechos diversos ou canções) ou ainda visionamento de programas, reportagens, documentários, etc. Em relação à oralidade conclui-se que os manuais lhe conferem maior importância, embora, por outro lado, se considere que as atividades propostas ainda não estão totalmente de acordo com as recomendações dos PPEB (2009) nem adequadas às novas situações que se pretende desenvolver em contexto de sala de aula. Quanto à leitura, verificou-se que o texto narrativo e literário continua a prevalecer. No entanto, há algum cuidado em trabalhar outro tipo de textos, nomeadamente não literários. No que se refere à escrita foi possível estabelecer algumas conclusões. Por um lado, há uma crescente atenção ao desenvolvimento processual da competência da escrita. Apesar deste reconhecimento e da evolução que se assinalou em relação a manuais de edições anteriores, verifica-se que as atividades de expressão escrita continuam ainda muito centradas no produto. Por outro lado, na prática, a planificação, textualização/redação e revisão não são devidamente exploradas. Nota-se, contudo, a presença de procedimentos facilitadores da tarefa para que o aluno alcance alguma mestria na produção de textos. No caso do CEL, embora seja uma atividade amplamente trabalhada, principalmente se forem consideradas as atividades do caderno de atividades, há componentes que não estão devidamente contemplados. Também não se identificou, de forma explícita, na maioria dos manuais, a componente reflexiva que os PPEB (2009) destacam nas suas expetativas e circunstâncias.

Ao terminar este estudo convém deixar expresso que o trabalho apresentado se viu sujeito a algumas limitações. Primeiro, porque o estudo se circunscreve a seis manuais escolares de Língua Portuguesa/ Português do 5.º ano de escolaridade. Em segundo, porque abarca só o distrito de Évora. As conclusões estabelecidas não são, portanto, passíveis de generalizações a outros manuais. Apesar de tudo, acredita-se que a informação produzida neste estudo poderá promover uma reflexão sobre o contributo prestado pelos manuais escolares no desenvolvimento de práticas de comunicação verbal, uma vez que se procurou realçar os pontos fortes e os pontos fracos de cada manual em relação aos PPEB (2009). Considera-se, por outro lado, que um estudo desta natureza poderá abrir o caminho a novas investigações no domínio do Português, no sentido de ajudar a clarificar melhor certas conceções sobre as práticas de comunicação verbal e possibilitar a promoção da mudança das práticas escolares, designadamente no desenvolvimento das competências específicas.

REFERÊNCIAS BIBLIOGRÁFICAS

Abandono Escolar Precoce em Portugal é o terceiro mais elevado da UE, *Jornal de Notícias*, 07/06/2012, disponível em https://www.jn.pt/sociedade/educacao/abandono-escolar-precoce-em-portugal-e-o-terceiro-mais-elevado-da-ue-2596328.html, acesso em 8/08/2019.

AMDE - Associação de Municípios do Distrito de Évora (2008). *Programa Territorial de Desenvolvimento do Alentejo Central*, disponível em https://www.ccdr-a.gov.pt/docs/desenv_regional/2014-2020/PTD-AlentejoCentral.pdf, acesso 28/07/2019.

Amor, Emília (2003). *Didática do Português – Fundamentos e Metodologia*. Lisboa: Texto Editora.

Barbosa, Jorge Morais (2008). O ensino do português. In: Reis, Carlos (org.), *Actas. Conferência Internacional sobre o ensino do Português*. Lisboa: DGIDC, pp. 183-186.

Bartolomeu, Rita e Cristina Manuela Sá (2008). A Operacionalização da Transversalidade da Língua Portuguesa no Âmbito da Gestão Flexível do Currículo. *Palavras* 33, 15-25.

Bordenave, Juan E. Diaz (1997). *O que é a Comunicação*. São Paulo: Editora Brasiliense.

Buescu, Maria Leonor Carvalhão (1984). *Historiografia da língua portuguesa*. Lisboa: Editora Sá da Costa.

Carvalho, José António Brandão (1999). A Escrita nos manuais de língua portuguesa. Objecto de ensino/aprendizagem ou veículo de comunicação? In: Castro, Rui Vieira de, Angelina Rodrigues, José Luís Silva e Maria de Lourdes D. Sousa (orgs.), *Manuais escolares. Estatuto, funções, história. Actas do I Encontro Internacional sobre Manuais Escolares*. Braga: Universidade do Minho.

Carvalho, José António Brandão (2001). O Ensino da escrita. In: Sequeira, Fátima, José António Brandão Carvalho e Álvaro Gomes (org.), *Ensinar a escrever: teoria e prática. Actas do Encontro de reflexão sobre o ensino da escrita*. Braga: Instituto de Educação e Psicologia da

Universidade do Minho, pp.73-92.

Carvalho, José António Brandão (2003). *Escrita: Percursos de Investigação*. Universidade do Minho: Departamento de Metodologias da Educação / Instituto de Educação e Psicologia.

Carvalho, Rómulo (2001). *História do Ensino em Portugal, desde a Fundação da Nacionalidade até o Fim do Regime de Salazar - Caetano*. Lisboa: Fundação Calouste Gulbenkian.

Castro, Rui Vieira de (1995). *Para a análise do discurso pedagógico. Constituição e transmissão da gramática escolar*. Universidade do Minho: Centro de Estudos em Educação e Psicologia.

Castro, Rui Vieira e Maria de Lourdes Dionísio Sousa (1998). Práticas de Comunicação Verbal em Manuais Escolares. In: *Linguística e Comunicação*. Lisboa: Edições Colibri – Associação Portuguesa de Linguística, pp.43-68.

Castro, Rui Vieira de e Maria de Lourdes Dionísio Sousa (1999). *Entre linhas paralelas. Estudos sobre o Português nas escolas*. Braga: Angelus Novus.

Castro, Rui Vieira de, Angelina Rodrigues, José Luís Silva e Maria de Lourdes D. Sousa (Orgs.) (1999). *Manuais escolares. Estatuto, funções, história. Actas do I Encontro internacional sobre manuais escolares*. Braga: Universidade do Minho.

Chomsky, Noam (1984). Linguagem. *Enciclopédia Einaudi*, vol. 2, *Linguagem-Enunciação*. Lisboa: Imprensa Nacional Casa da Moeda, pp. 11-56.

Choppin, Alain (1980). L'histoire des manuels scolaires. Une approche globale. *Histoire de l'Éducation* 9, pp. 1-25.

Choppin, Alain (1998). *Dictionnaire encyclopédique de l'éducation e de la formation*. Paris : Nathan Université.

Choppin, Alain (1999). Les Manuels Scolaires: de la Production aux Modes de Consommation. In: Castro, Rui Vieira de, Angelina Rodrigues, José Luís Silva e Maria de Lourdes D. Sousa (Orgs.), *Manuais escolares. Estatuto, funções, história. Actas do I Encontro Internacional sobre Manuais Escolares,* Braga, Universidade do Minho.

Choppin, Alain (2004). História dos livros e das edições didáticas. Sobre o estado da arte. Educação e Pesquisa, 30/3, pp. 549-566, disponível em: http://www.scielo.br/scielo.php?script=sci_arttext&pid=S1517-97022004000300012, acesso em 30/08/2019.

Costa, Ana Luísa, Armanda Costa e Anabela Gonçalves (2017). Consciência linguística: aspetos sintáticos. In: Freitas, Maria João e Ana Lúcia Santos (eds.), *Aquisição de língua materna e não materna: Questões gerais e dados do português*. Berlin: Language Science Press, pp. 409-438.

Costa, João (2008). Conhecimento gramatical à saída do Ensino Secundário: estado actual e consequências na relação com leitura, escrita e oralidade. In: Reis, Carlos (org.), *Actas. Conferência Internacional sobre o Ensino do Português*. Lisboa: DGIDC, pp. 149-165.

Costa, Maria Armanda (2008). Aprender gramática, compreender e produzir melhor. In: Reis, Carlos Reis, Carlos (org.), *Actas. Conferência Internacional sobre o Ensino do Português*. Lisboa: DGIDC, pp. 167-182.

Costa, João, Assunção Cabral, Ana Santiago e Filomena Viegas (2009). *Conhecimento explícito da língua, Guião de Implementação do Programa*. Lisboa: DGIDC.

Delgado-Martins, Maria Raquel (1996). Representações da linguagem verbal. In: Faria, Isabel Hub, Emília R. Pedro, Inês Duarte e Carlos A. M. Gouveia (org.), *Introdução à Linguística Geral e Portuguesa*. Lisboa: Editorial Caminho, pp. 85-102.

DGEBS – Direção Geral do Ensino Básico e Secundário (1991a). *Organização Curricular e Programas, Ensino Básico, 2.º Ciclo*. Lisboa: Ministério da Educação.

DGEBS – Direção Geral do Ensino Básico e Secundário (1991b). *Plano de Organização do Ensino-Aprendizagem*. Lisboa: Ministério da Educação.

Diniz, Maria Emília, Adérito Tavares e Arlindo Caldeira (1992). *História 8*. Lisboa: Editorial O Livro.

DREALENTEJO - Direção Regional de Educação do Alentejo (2012). *Total de Alunos, Turmas e Estabelecimentos de Ensino*, disponível em dpep.drealentejo.pt › download › ficheiro=Total Alunos e Turmas Estabeleci., acesso em 9/09/2019.

Duarte, Inês (2010). *Língua Portuguesa: instrumentos de análise*. Lisboa: Universidade Aberta.

Duarte, Inês (2008). *O conhecimento da língua. Desenvolver a consciência linguística*. Lisboa: DGIDC - Ministério da Educação.

Duarte, Inês (2006). Ensinar português para o desenvolvimento: diagnóstico e propostas terapêuticas. In: Duarte, Inês e Paula Morão (org.). *Ensino do português para o século XXI*. Lisboa: Colibri, pp. 26-40.

Duarte, Inês (2000). Sobre o conceito de consciência linguística. In: Freitas, Maria João, Anabela Gonçalves e Inês Duarte (coord.). *Avaliação da consciência linguística. Aspectos fonológicos e sintácticos do português*. Lisboa: Colibri, pp. 11-16.

Duarte, Regina *et al.* (coord.) (2008). *Posição dos docentes relativamente ao ensino da Língua Portuguesa*. Lisboa: DGIDC.

Duarte, Regina, Ana Sofia Veigas, Joana Batalha, Maria da Luz Pignatelli e Marisa Henriques (2008). *Programa de Língua Portuguesa/ Português. Uma visão diacrónica*. Lisboa: DGIDC.

Ducrot, Oswald e Todorov Tzvetan (1991). *Dicionário das ciências da linguagem*. Lisboa: Publicações D. Quixote.

Eliseu, André (2008). *Sintaxe do Português*. Lisboa: Editorial Caminho.

Faria, Isabel Hub (2008). Linguagem, língua, variação, partilha e conhecimento. In: Reis, Carlos (org.). *Actas. Conferência Internacional sobre o Ensino do Português*. Lisboa: DGIDC, pp.51-69.

Faria, Isabel Hub, Emília R. Pedro, Inês Duarte e Carlos A. M. Gouveia (Org.) (1996). *Introdução à linguística geral e portuguesa*. Lisboa: Editorial Caminho.

Ferraz, Maria José (2007). *Ensino da língua materna*. Lisboa: Editorial Caminho.

Fiske, John (2004). *Introdução ao estudo da comunicação*. 8.ª ed. Lisboa: Edições Asa.

Fonseca, Fernanda Irene e Joaquim Fonseca (1990). *Pragmática, linguística e ensino do Português*. Coimbra: Livraria Almedina.

Fonseca, Fernanda Irene (1994). *Gramática e Pragmática – Estudos de Linguística Geral e de Linguística Aplicada ao Ensino do Português*. Porto: Porto Editora.

Franco, Maria da Graça, Maria João Reis e Teresa Maria Sousa Gil (2003). *Comunicação, linguagem e fala. Perturbações específicas de linguagem em contexto escolar. Fundamentos*. Lisboa: Ministério da Educação.

Freitas, Maria João, Dina Alves e Teresa Costa (2007). *O conhecimento da língua. Desenvolver a consciência fonológica*. Lisboa: DGIDC - Ministério da Educação.

Fromkin, Victoria e Robert Rodman (1993). *Introdução à linguagem*. Coimbra: Livraria Almedina.

Gérard, François Marie e Xavier Roegiers (1998). *Conceber e avaliar manuais escolares*. Porto: Porto Editora.

Gomes, Isabel e Maria Graciete Moreira (1997). *O Lugar da Filosofia*. Porto: Porto Editora.

Houaiss, Antônio (2001). *Dicionário Houaiss da língua portuguesa*. Rio de Janeiro: Editora Objetiva.

Jakobson, Roman (1969). *Lingüística e Comunicação*. São Paulo: Editora Cultrix.

Lepschy, Giulio (1984). Língua e Fala. In: *Enciclopédia Einaudi*, vol. 2, *Linguagem-Enunciação*. Lisboa: Imprensa Nacional Casa da Moeda, pp. 71-82.

Lusa/SOL (2012). OCDE: Falta de produtividade ligada aos 'baixos níveis de educação'. *Jornal SOL*, disponível em https://sol.sapo.pt/artigo/55339/ocde-falta-de-produtividade-ligada-aos-baixos-niveis-de-educacao, acesso em22/07/2019.

Magalhães, Justino (2011). *O mural do tempo. Manuais escolares em Portugal*. Lisboa: Colibri/Instituto de Educação da Universidade de Lisboa/Unidade de Investigação e Desenvolvimento em Educação e Formação.

Magalhães, Justino P. (1999). Um apontamento para a história do manual escolar entre a produção e a representação. In: Castro, Rui Vieira de, Angelina Rodrigues, José Luís Silva e Maria de Lourdes D. Sousa (Org.), *Manuais escolares, estatuto, funções, história. Actas do I encontro Internacional sobre Manuais escolares*. Braga: Universidade do Minho.

Machado, José Pedro (1977). *Dicionário etimológico da língua portuguesa*. Lisboa: livros Horizonte, 3.ªed.

Martinet, André (1991). *Elementos de Linguística Geral*. Tradução portuguesa de Jorge Morais Barbosa, 10.ª ed. Lisboa: Sá da Costa.

Martins, Maria da Esperança de Oliveira e Cristina Manuela Sá (2008). Ser leitor no século XXI – Importância da Compreensão na Leitura para o Exercício Pleno de uma Cidadania Responsável e Ativa. *Saber (e) Educar* 13, 235-246.

Martins, Maria da Esperança de Oliveira, Cristina M. B. Fernandes de Sá (2010*) O manual escolar de Língua Portuguesa e o seu papel na promoção da leitura e literacia. Exedra* n.º 9, pp. 209-223 - http://www.exedrajournal.com/docs/02/19-MariadaEsperanca.pdf - acesso 18/03/2019.

Mattoso, José e Armindo Sousa (1993). *História de Portugal*. 2.º Vol. [Lisboa]: Círculo de Leitores.

Niza, Ivone, Joaquim Segura e Irene Mota (2010). *Escrita, Guião de Implementação do Novo Programa de Português*. Lisboa: DGIDC.

Niza, Sérgio (2005). A escola e o poder discriminatório da escrita. *A língua portuguesa: presente e futuro*. Lisboa: FCG, pp. 107-127.

Nunes, Carmen, Mª Luísa Oliveira e Mª Leonor Sardinha (s/d). *Nova Gramática de Português*. Lisboa: Didática Editora.

OCDE - Organização para a Cooperação e Desenvolvimento Económico (2011). *Education at a Glance 2011, OCDE Indicators*, OCDE, disponível em https://www.oecd.org/education/skills-beyond--school/48631582.pdf, acesso em 07/07/2012.

OCDE - Organização para a Cooperação e Desenvolvimento Económico (2012) *Education at a Glance 2011, OCDE Indicators*, OCDE, disponível em https://www.oecd.org/education/highlights.pdf, acesso em 15/07/2012.

Pinto, Mariana Oliveira (2003). Estatuto e funções do manual escolar de Língua Portuguesa, disponível em

http://repositorio.ipv.pt/bitstream/10400.19/598/1/Estatuto%20e%20fun%c3%a7%c3%b5es%20do%20manual%20escolar.pdf, acesso em 23/03/2019.

Pires, Cristina, Elza Mesquita e Maria do Céu Ribeiro (2009). *A Iconografia nos manuais escolares do Estado Novo*. Bragança: Instituto Politécnico de Bragança.

Raposo, Eduardo Buzaglo Paiva, Maria Fernanda Bacelar do Nascimento, Maria Antónia Coelho da Mota, Luísa Segura e Amália Mendes (org.) (2013). *Gramática do Português*. 2 Vols. Lisboa: FCG.

Reis, Carlos (org.) (2008). *Actas. Conferência Internacional sobre o Ensino do Português*. Lisboa: DGIDC.

Reis, Carlos *et al.* (coord.) (2009). *Programas de Português do Ensino Básico*. Lisboa: DGIDC.

Rodrigues, Sónia Valente, Regina Duarte (coord.) (2008). Projecto de intervenção didáctica monitorizada. Diagnóstico de dificuldades dos alunos. *Investigação e Ensino da Língua Portuguesa* – IELP, disponível em http://profpaulo.weebly.com/uploads/3/9/4/7/394769/analisedificuldadesalunosversaointegralielp.pdf, acesso em 23/03/2019.

Santo, Esmeralda Maria (2006). Os manuais escolares, a construção de saberes e a autonomia do aluno. Auscultação a alunos e professores. *Revista Lusófona da Educação* 8, 103-115.

Santos, Joana Vieira (2011). *Linguagem e comunicação*. Coimbra: Almedina/CELGA.

Saussure, Ferdinand de (1972). *Cours de linguistique générale*. Édition critique préparée par Tullio de Mauro. Paris : Payot.

Sequeira, Fátima, Rui Vieira de Castro e Maria de Lourdes Sousa (Org.) (1989). *O ensino-aprendizagem do Português: teoria e práticas*. Universidade do Minho: Centro de Estudos Educacionais e Desenvolvimento Comunitário.

Silva, Ana Cristina (2005). Aprender a ler: um percurso complexo com dimensões cognitivas, sociais e culturais. *A língua portuguesa: presente e futuro*. Lisboa: FCG, pp. 47-60.

Silva, Encarnação, Glória Bastos, Regina Duarte e Rui Veloso (2009). *Leitura, Guião de Implementação do Programa*. Lisboa: DGIDC.

Silva, Fátima, Filomena Viegas, Isabel Duarte e João Veloso (2011). *Oral, Guião de Implementação do Programa*. Lisboa: DGIDC.

Silva, Maria Cristina Vieira da e Íris Susana Pires Pereira (2017). Para a caracterização do ensino e da aprendizagem da gramática em Portugal. As perceções dos professores. *Diadorim* 19/2, 107-130.

Sim-Sim, Inês, Inês Duarte e Maria José Ferraz (1997). *A Língua Materna na Educação Básica: competências nucleares e níveis de desempenho*. Lisboa: Ministério da Educação.

Sim-Sim, Inês (2007). *O ensino da leitura: a compreensão de textos*. Lisboa: DGIDC.

Sousa, Maria Elisa S. (1999). A Formação de leitores. Contributo do manual escolar, um olhar através de um Manual de Língua Portuguesa do 1.º C.E.B. In: *Manuais escolares, estatuto, funções, história. Actas do I Encontro Internacional sobre Manuais Escolares*. Braga: Universidade do Minho, pp. 507-513.

Sousa, Maria de Lourdes Dionísio de (1999). Níveis de estruturação e dimensões de transmissão dos livros de Português. In: *Manuais escolares, estatuto, funções, história. Actas do I Encontro Internacional sobre Manuais Escolares*. Braga: Universidade do Minho, pp. 495-505.

Sousa, Maria de Lourdes Dionísio de (2000). *A Construção escolar de comunidades leitoras. Leituras do manual de Português*. Coimbra: Livraria Almedina.

Spinelli, Elsa e Ludovic Ferrand (2009). *Psicologia da Linguagem, o escrito e o falado. Do Sinal à Significação*. Lisboa: Instituto Piaget.

Viseu, Floriano, Ângela Fernandes e Maria Irene Gonçalves (2009). O manual escolar na prática docente do professor de matemática. In: *Actas do X Congresso Internacional Galego Português de Psicopedagogia*. Braga: Universidade do Minho, pp. 3178-3190.

Tavares, Maria Sousa (1989). A transmissão escolar dos valores literários. Os textos consagrados. In: Sequeira, Fátima, Rui Vieira de Castro e Maria de Lourdes Sousa (Org.), *O Ensino-aprendizagem do Português. Teoria e práticas*. Braga: Universidade do Minho, Centro de Estudos Educacionais e Desenvolvimento Comunitário, pp. 90-124.

Vygotsky, L. S. (1993). *Pensamento e linguagem*. São Paulo: Martins Fontes.

Wilden, Anthony (2001). Comunicação. *Enciclopédia Einaudi*, vol. 34, *Comunicação-cognição*. Lisboa: Imprensa Nacional Casa da Moeda, pp. 108-204.

Manuais escolares:

Costa, Fernanda e Luísa Mendonça (2011). *Diálogos Língua Portuguesa -5.º ano*. Porto: Porto Editora.

Mota, Abel (2011). *Pretextos 5 – Língua Portuguesa - 5.º ano*. Porto: Areal Editores.

Santiago, Ana e Sofia Paixão (2011). *P5 – Português - 5.º ano*. Lisboa: Texto Editores.

Silva, Pedro, Adriana Simões, Elsa Cardoso, Rita Mendes e Sónia Costa (2011). *Dito e Feito – Língua Portuguesa - 5.º ano*. Porto: Porto Editora.

Soares, Ana e Marta Branco (2011). *Porta Viagens – Português -5.º ano*. Lisboa: Texto Editores.

Trindade, Graça, Madalena Relvão e Maria de Lourdes Santos (2011). *Etapas 5 – Língua Portuguesa -5.º ano*. Lisboa: Edições ASA.

Outros documentos/publicações:

MINISTÉRIO DA EDUCAÇÃO E CIÊNCIA

GAVE - Gabinete de Avaliação Educacional

PISA 2000 - Resultados do Estudo Internacional – Primeiro relatório nacional (dezembro 2001), disponível em https://www.oecd.org/portugal/33685403.pdf, acesso em 18/07/2019.

PISA 2009 - Competências dos alunos portugueses, disponível em https://pt.scribd.com/doc/44838561/Relatorio-PISA-2009-Resultados-dos-alunos-portugueses, acesso em 18/07/2019.

DGIDC - Direção Geral de Inovação e Desenvolvimento Curricular – Programas e Projetos nas escolas TEIP, disponível em https://www.dge.mec.pt/teip, acesso em 23/02/2019.

IEFP - INSTITUTO DO EMPREGO E FORMAÇÃO PROFISSIONAIS
Concelhos, Estatísticas Mensais – julho 2012.
Mercado de Emprego – Estatísticas mensais – julho 2012.

IGP- INSTITUTO GEOGRÁFICO PORTUGUÊS
Áreas dos concelhos do distrito de Évora (2012)
http://www.igeo.pt/produtos/cadastro/caop/caop_vigor.htm - acesso 18/07/2012.
http://www.igeo.pt/Frameset-novidades.htm - acesso 18/07/2019.

INE - INSTITUTO NACIONAL DE ESTATÍSTICA
2010 - Anuário Estatístico da região Alentejo, 2010.
2011 - Censos 2011 – Resultados Provisórios.
2012 - Boletim Mensal de Estatística - julho de 2012.

PORDATA - Base de Dados Portugal Contemporâneo - *Censos da População*, https://www.pordata.pt/DB/Europa/Ambiente+de+Consulta/Tabela, acesso em 18/07/2019.
https://www.pordata.pt/Portugal/Indicadores+de+envelhecimento+segundo+os+Censos++-525, acesso em 22/07/2019.

Legislação

1919 – Decreto n.º 6132 de 26 de setembro - Programas e quadros de distribuição das disciplinas do ensino secundário.

1921 – Decreto n.º 7311 de 15 de fevereiro – Aprova o programa do Ensino Primário Geral – revoga o programa de 1919.

1926 – Decreto n.º 11490, de 9 de março - Aprova os programas dos cursos das escolas comerciais.

1926 – Decreto n.º 12594 de 2 de novembro - Aprova os programas dos cursos da instrução secundária.

1936 – Decreto n.º 27085 de 14 de outubro - Aprova, para vigorarem desde o início do ano letivo de 1936-1937, os programas das disciplinas do ensino liceal.

1948 – Decreto n.º 37112 de 22 de outubro - Aprova os programas das disciplinas do ensino liceal.

1952 – Decreto-Lei n.º 38968 de 27 de outubro - Reforça o princípio da obrigatoriedade do ensino primário elementar, reorganiza a assistência escolar, cria os cursos de educação de adultos e promove uma campanha nacional contra o analfabetismo.

1954 – Decreto n.º 39807 de 7 de setembro - Aprova, para entrarem em vigor no ano letivo seguinte, os programas das disciplinas do ensino liceal.

1956 – Decreto-Lei n.º 40964, de 31 de dezembro - Amplia e reforça o regime da obrigatoriedade do ensino primário elementar - Dá nova estrutura a alguns dos serviços da Direcção-Geral do Ensino Primário - Altera a redação de várias disposições dos Decretos-lei n.º 30951 e 38968 e dos Decretos n.º 20181 e 38969 e revoga o disposto no § 11.º do n.º 12.º do artigo 3.º do Decreto n.º 19531 e no artigo 21.º do Decreto-Lei n.º 951.

1960 – Decreto-Lei n.º 42994, de 28 de maio - Atualiza os programas do ensino primário a adotar a partir do próximo ano letivo - Declara obrigatória a frequência da 4.ª classe para todos os menores com a idade escolar prevista no artigo 1.º do Decreto-Lei n.º 38968.

1964 - Decreto-Lei n.º 45 810/1964 de 9 de julho – Decreta a obrigatoriedade e ampliação da escolaridade de quatro classes para seis classes.

1966 - Decreto-Lei n.º 47 311/1966 de 12 de novembro – reforma da Mocidade Portuguesa.

1967 – Decreto-Lei n.º 47 480/67, 2 de janeiro - Institui o Ciclo Preparatório do Ensino Secundário, que substitui tanto o 1.º Ciclo do Ensino Liceal como o Ciclo Preparatório do Ensino Técnico Profissional) (art.º 1.º e art.º 2.º. Cria no Ministério a Direção de Serviços do Ciclo Preparatório.

1967 – Portaria n.º 22 966, de 17 de outubro – Aprova, a título experimental, os programas do ciclo complementar do ensino primário.

1968 – Portaria n.º 23 485, de 16 de julho – Aprova os programas do ciclo elementar do ensino primário.

1968 - Portaria n.º 23 601 de 9 de setembro – Aprova os programas do ciclo preparatório do ensino secundário, instituído pelo Decreto-Lei n.º 47480.

1973 – Lei n.º5/73 de 25 de julho – Aprova as bases a que deve obedecer a reforma do sistema educativo.

1986 - Lei n.º 46/86 de 14 de outubro, art.º 47º,7) - Lei de Bases do Sistema Educativo.

1987 - Decreto-Lei n.º 57/87, de 31 de janeiro – Define uma nova política de manuais escolares, criando para o efeito, comissões de apreciação de âmbito nacional para cada disciplina e dado nível dos ensinos básico e secundário.

1989 - Decreto-Lei n.º 286/89 de 29 de agosto - Estabelece os planos curriculares dos ensinos básicos e secundário, de acordo com as orientações da Lei de Bases do Sistema Educativo.

1990 - Decreto-Lei n.º 369/90 de 26 de novembro – Estabelece o sistema de adoção, o período de vigência e o regime de controlo de qualidade dos manuais escolares. Revoga o Decreto-lei 57/87, de 31 de janeiro.

1997 - Lei n.º 115/97 de 19 de setembro – Altera a Lei n.º 46/86, de 14 de outubro (Lei de bases do Sistema Educativo).

2001 - Decreto-Lei n.º 6/2001 de 18 de janeiro - retificado pela Declaração de Retificação n.º 4-A/2001, de 28 de fevereiro - Aprova a revisão curricular do ensino básico. Prevê a regulamentação das medidas especiais de educação, dirigidas a alunos com necessidades educativas especiais de carácter permanente (artigo 10º). Retificado em 28/2/2001 e alterado pelo Decreto-Lei n.º 209/2002, 19 outubro.

2002 - Decreto-Lei n.º 209/2002 de 19 de outubro - Altera o artigo 13.º e os anexos I, II e III do Decreto-Lei n.º 6/2001, de 18 de janeiro, que estabelece os princípios orientadores da organização e da gestão curricular do ensino básico, bem como da avaliação das aprendizagens e do processo de desenvolvimento do currículo nacional.

2005 Lei n.º 49/2005 de 30 de agosto – Segunda retificação à Lei de Bases do Sistema Educativo e a Primeira alteração à Lei de Bases do Financiamento do Ensino Superior.

2006 - Lei n.º 47/2006 de 28 de agosto - Define o regime de avaliação, certificação e adoção dos manuais escolares do ensino básico e do ensino secundário, bem como os princípios e objetivos a que deve obedecer o apoio socioeducativo relativamente à aquisição e ao empréstimo de manuais escolares.

2009 - Lei n.º 85/2009 de 27 de agosto - Estabelece o regime da escolaridade obrigatória para as crianças e jovens que se encontram em idade escolar (6- 18 anos) e consagra a universalidade da educação pré-escolar para as crianças a partir dos 5 anos de idade.

2011 - Decreto-Lei n.º 94/2011 de 3 de agosto - Revê a organização curricular dos 2.º e 3.º ciclos do ensino básico, procedendo à quarta alteração do Decreto-Lei n.º 6/2001, de 18 de janeiro.

2012 - Decreto-Lei n.º 176/2012 de 2 de agosto - Regula o regime de matrícula e de frequência no âmbito da escolaridade obrigatória das crianças e dos jovens com idades compreendidas entre os 6 e os 18 anos e estabelece medidas que devem ser adotadas no âmbito dos percursos escolares dos alunos para prevenir o insucesso e o abandono escolares.

2012 - Decreto-Lei n.º 139/2012 de 5 de julho - Estabelece os princípios orientadores da organização e da gestão dos currículos, da avaliação dos conhecimentos e capacidades a adquirir e a desenvolver pelos alunos dos ensinos básico e secundário.

ANEXOS

ANEXO I

MB - *Dito e Feito – Língua Portuguesa - 5.º ano*					
Secção do manual	Atividades	Competência			
		Leitura	Oralidade	Escrita	Conhecimento explícito da língua
0 – Nós, os outros e muitos livros	Para nos conhecermos (apresentação)		2		
	O manual apresenta-se (audição)		1		
	Leitura (compreensiva)	1			
	Reconto		1		
	Continuação de diálogo			1	
	Gramática				1
	Os livros	1		1	
	Para ler mais (leitura compreensiva)	1			
1– Dias, alegrias e outras fantasias	Leitura (compreensiva)	9			
	Biografia (síntese da vida e obra de autores)	6			
	Relato oral		1		
	Descrição de ilustração/ opinião		2		
	Opinião		1		
	Análise de ilustração / Título		1		
	Ideia global		1		
	Audição oral de texto		1		
	Texto coletivo de apresentação e descrição			1	
	Redação de texto narrativo			2	
	Carta			1	
	Texto narrativo/pesquisa bibliografia			1	
	Gramática				6
	Para ler mais (leitura compreensiva)	3			
	Ficha formativa	1		1	1

MB - *Dito e Feito – Língua Portuguesa - 5.º ano*					
Secção do manual	Atividades	Competência			
		Leitura	Oralidade	Escrita	Conhecimento explícito da língua
2- Pessoas, figuras e suas aventuras	Leitura (compreensiva/ expressiva/dialogada)	10			
	Biografia (síntese da vida e obra de autores)	3			
	Apresentação oral de características		1		
	Reconto oral		1		
	Antecipação assunto/ ilustração /título		1		
	Texto de opinião		1		
	Descrição de ilustração/ título		1		
	Audição e síntese do assunto		1		
	Visualização reportagem/ tomada de notas		1		
	Apresentação oral: géneros musicais		1		
	Relato de acontecimentos		1		
	Audição excerto musical/ apresentação oral		1		
	Descrição e opinião			1	
	Autobiografia			1	
	Redação de texto narrativo			2	
	Gramática				6
	Para ler mais (leitura compreensiva)	3			
	Ficha Formativa	1		1	1

MB - *Dito e Feito – Língua Portuguesa - 5.º ano*					
Secção do manual	Atividades	Competência			
		Leitura	Oralidade	Escrita	Conhe-cimento explícito da língua
3 – Viagens, passagens e outras paragens	Leitura (compreensiva/ expressiva/dialogada)	7			
	Biografia (síntese da vida e obra de autores)	4			
	Reconto oral		1		
	Visualização registo vídeo/tomada de notas		1		
	Antecipação do assunto do texto/título		1		
	Análise de ilustração / Título		2		
	Apresentação oral: mudanças		1		
	Excerto de diário			1	
	Texto narrativo			2	
	Texto autobiográfico			1	
	Gramática				6
	Para ler mais (leitura compreensiva)	5			
	Ficha Formativa	1		1	1

MB - *Dito e Feito – Língua Portuguesa - 5.º ano*					
Secção do manual	Atividades	Competência			
		Leitura	Oralidade	Escrita	Conhe-cimento explícito da língua
4 – Histórias, memórias e outras paródias	Leitura (compreensiva/ expressiva/dialogada)	9			
	Biografia (síntese da vida e obra de autores)	1			
	Reconto oral		3		
	Apresentação oral: opinião		2		
	Antecipação do assunto do texto/título		1		
	Escuta/tomada de notas		1		
	Descrição imagem		2		
	Apresentação oral: pesquisa		1		
	Visualização registo vídeo/tomada de notas		1		
	Texto narrativo			1	
	Texto autobiográfico			1	
	Texto bibliográfico			1	
	Texto dramático			1	
	Gramática				6
	Para ler mais (leitura compreensiva)	2			
	Ficha Formativa	1		1	1

MB - *Dito e Feito – Língua Portuguesa - 5.º ano*					
Secção do manual	Atividades	Competência			
		Leitura	Oralidade	Escrita	Conhe-cimento explícito da língua
5 – Versos, rimas e palavras ladinas	Leitura (compreensiva/ expressiva/dialogada)	14			
	Biografia (síntese da vida e obra de autores)	9			
	Escuta/apresentação oral		2		
	Escuta/compreensão		1		
	Escuta/tomada de notas		4		
	Antecipação do assunto do texto/título		1		
	Apresentação oral/sentido global		1		
	Escuta/opinião		1		
	Reconto oral		1		
	Apresentação oral: opinião		1		
	Redação de opinião			1	
	Texto poético			2	
	Recado/SMS			2	
	Letra de canção			1	
	Texto lírico			1	
	Texto bibliográfico			1	
	Transcrição de frases			1	
	Gramática				13
	Para ler mais (leitura compreensiva)	5			
	Ficha Formativa	1			
6 – Datas celebrações e muitas emoções	Nesta unidade são disponibilizados textos que poderão ser trabalhados nos dias celebrativos correspondentes, deixando ao professor a forma de abordagem.	12			
Totais		110	50	32	42

MC - *P5 – Português - 5.º ano*					
Secção do manual	Atividades	Competência			
		Leitura	Oralidade	Escrita	Conhecimento explícito da língua
Ponto de Partida	Leitura (compreensiva)	3			
	Visualização de vídeo/ apresentação oral		2		
	Texto narrativo			1	
	Gramática				1
Unidade 1– Dias de Escola	Leitura (compreensiva)	7			
	Explicações sobre temas variados	3			
	Biografia (síntese da vida e obra de autores)	4			
	Visualização de vídeo/ compreensão		1		
	Reconto oral		1		
	Escuta e descrição de um espaço		1		
	Texto narrativo			1	
	Descrição de um espaço			1	
	Gramática				5
	Avaliação	1		1	1

MC - *P5 – Português - 5.º ano*					
Secção do manual	Atividades	Competência			
		Leitura	Oralidade	Escrita	Conhe-cimento explícito da língua
Unidade 2- Álbum de Família	Leitura (compreensiva/ expressiva/dramatizada)	5			
	Biografia (síntese da vida e obra de autores)	1			
	Apresentação oral/ família		1		
	Descrição e relato oral		1		
	Análise de título/troca de ideias		1		
	Visualização reportagem TV/ compreensão		1		
	Antecipação do assunto do texto/título		1		
	Argumentação		1		
	Retrato			1	
	Análise de foto/retrato físico			1	
	Gramática				4
	Avaliação	1			1
Unidade 3 – Natais	Leitura (compreensiva/ expressiva/dramatizada)	7			
	Explicações sobre temas variados	4			
	Biografia (síntese da vida e obra de autores)	4			
	Visualização: excerto de filme/tomar notas		1		
	Apresentação oral/Natal diferentes países		1		
	Troca de ideias/ aspetos do Natal		1		
	Reflexão sobre o Natal			1	
	Resumo			1	
	Texto narrativo			1	
	Receita culinária			1	
	Gramática				4
	Avaliação	1		1	1

MC - *P5 – Português - 5.º ano*					
Secção do manual	Atividades	Competência			
		Leitura	Oralidade	Escrita	Conhe-cimento explícito da língua
Unidade 4 – Dois Dedos de Conversa	Leitura (compreensiva/ expressiva/dramatizada)	6			
	Explicações sobre temas variados	6			
	Biografia (síntese da vida e obra de autores)	4			
	Troca de ideias/ comportamentos		1		
	Troca de ideias sobre o texto		2		
	Visualização o sketch TV/compreensão		1		
	Relato			1	
	Diálogo			1	
	Gramática				3
	Avaliação	1		1	1
Unidade 5 – Histórias em Viagem	Leitura (compreensiva)	6			
	Explicações sobre temas variados	8			
	Biografia (síntese da vida e obra de autores)	3			
	Descrição de pintura		1		
	Escuta de texto radiofónico: facto/ opinião		1		
	Descrição de fotografia		1		
	Troca de ideias/ continuação de história		1		
	Descrição de ilha encantada			1	
	Continuação de uma narrativa			1	
	Carta			1	
	Gramática				2
	Avaliação	2		1	1

MC - *P5 – Português - 5.º ano*					
Secção do manual	Atividades	Competência			
		Leitura	Oralidade	Escrita	Conhe-cimento explícito da língua
Unidade 6 – Quem me Avisa...	Leitura (compreensiva)	8			
	Explicações sobre temas variados	6			
	Biografia (síntese da vida e obra de autores)	5			
	Troca de ideias/ moralidade		1		
	Visualização: reportagem TV/tomar notas		1		
	Recitação		1		
	Troca de ideias/sentido de provérbios		1		
	Inferência e antecipação de sentidos		1		
	Troca de ideias/opinião		1		
	Texto narrativo			1	
	Comentário			1	
	Convite			1	
	Gramática				2
	Avaliação	1		1	1

MC - *P5 – Português - 5.º ano*					
Secção do manual	Atividades	Competência			
		Leitura	Oralidade	Escrita	Conhe-cimento explícito da língua
Unidade 7 - Apanha-me um Poeta	Leitura (compreensiva/ expressiva/dramatizada)	22			
	Explicações sobre temas variados	2			
	Biografia (síntese da vida e obra de autores)	15			
	Discussão de ideias		1		
	Audição de poema/ reprodução		1		
	Audição de poema/ compreensão		2		
	Recitação		2		
	Trava-línguas		1		
	Memorização/recitação de poema		1		
	Troca de informações		1		
	Definição			1	
	Anúncio			1	
	Texto poético			4	
	Adivinha			1	
	Gramática				3
	Avaliação	3		1	1
Unidade 8 – em Cena	Leitura (compreensiva/ expressiva/dramatizada)	6			
	Explicações sobre temas variados	3			
	Biografia (síntese da vida e obra de autores)	3			
	Simulação		1		
	Guião para dramatização			1	
	Recado			1	
	Gramática				3
	Avaliação	2		1	1
Totais		153	38	33	35

MD – *Porta Viagens – Português 5.º ano*					
Secção do manual	Atividades	Competência			
		Leitura	Oralidade	Escrita	Conhe-cimento explícito da língua
Unidade 0 - Antes da Partida	Leitura (compreensiva)	5			
	Escuta/compreensão		1		
	Apresentação oral / apresentação de colega		1		
	Produção de texto narrativo			1	
	Gramática				1

MD – *Porta Viagens – Português 5.º ano*					
Secção do manual	Atividades	Competência			
		Leitura	Oralidade	Escrita	Conhecimento explícito da língua
Unidade 1 - Viagens pela Tradição Oral	Leitura (compreensiva)	20			
	Escuta/compreensão		1		
	Apresentação oral/Texto narrativo		1		
	Audição de adivinhas		2		
	Apresentação oral das adivinhas		1		
	Audição de conto		1		
	Apresentação/discussão histórias criadas		1		
	Apresentação de trava-línguas		1		
	Visionamento de vídeo publicitário		1		
	Audição de lenda		1		
	Reconto da lenda ouvida		1		
	Audição de entrevista		1		
	Audição de exposições orais de colegas		1		
	Exposição oral a partir de trabalho pesquisa		1		
	Comentário à solução de adivinha		1		
	Reescrita de conto			1	
	Produção de adivinhas			1	
	Construção orientada de narrativa			1	
	Continuação de lengalenga			1	
	Recriação orientada de uma lenda			1	
	Produção de um convite			1	
	Redação de mail			1	
	Redação de carta			1	
	Produção de texto narrativo			1	
	Gramática				7
	Aprende	14			

MD – *Porta Viagens – Português 5.º ano*					
Secção do manual	Atividades	Competência			
		Leitura	Oralidade	Escrita	Conhe-cimento explícito da língua
Unidade 2 - Viagens pelo Real e pelo Imaginário	Leitura (compreensiva)	11			
	Audição de excerto de texto		6		
	Análise de imagem/opinião		3		
	Apresentação de histórias criadas		2		
	Simulação do discurso direto		1		
	Reconto de texto narrativo		1		
	Exposição oral a partir de trabalho pesquisa		1		
	Audição de notícia		1		
	Troca de impressões e opiniões		1		
	Apresentação oral sobre o tema "viagens"		1		
	Audição de reconto dos colegas		1		
	Audição de biografia		2		
	Reconto e formulação de expetativas		1		
	Produção de texto narrativo/descritivo		2		
	Produção guiada de texto narrativo		3		
	Redação de mensagem com sugestão leitura		1		
	Reescrita de final de texto narrativo		1		
	Redação de texto descritivo		1		
	Gramática				6
	Aprende	13			

MD – *Porta Viagens – Português 5.º ano*					
Secção do manual	Atividades	Competência			
		Leitura	Oralidade	Escrita	Conhecimento explícito da língua
Unidade 3 - Viagens pela Poesia e pelos Palcos	Leitura (compreensiva/ expressiva/dialogada	19			
	Análise de imagem/opinião		4		
	Audição de excerto de texto		2		
	Exposição oral/opinião		1		
	Audição de poema		2		
	Audição de descrição figura pré-histórica		1		
	Exposição oral a partir de trabalho pesquisa		1		
	Audição de música		2		
	Audição de excerto de documentário		1		
	Memorização e declamação de poema		1		
	Representação de texto dramático		1		
	Audição de excerto de peça de teatro		1		
	Representação texto produzido pelos alunos		1		
	Produção de texto narrativo			3	
	Redação de texto poético			2	
	Redação de texto dramático			2	
	Redação de texto de opinião			1	
	Gramática				7
	Aprende	9			
Totais		91	56	25	21

ME – *Pretextos - 5*						
Secção do manual	Atividades	Competência			
		Leitura	Oralidade	Escrita	Conhecimento explícito da língua
0 – A Lebre e a Tartaruga	Leitura (compreensiva)	4			
	Jogo das apresentações		1		
	Elaboração de cartaz com regras da sala			1	
	Gramática				2
1 - O Patinho Feio	Leitura (compreensiva/ expressiva)	12			
	Reconto oral		1		
	Audição de texto/ compreensão		2		
	Audição de poema		1		
	Análise de imagem/ descrição		2		
	Audição de canção/ completar poema		1		
	Destrava-línguas		1		
	Debate		1		
	Descrição oral		1		
	Texto narrativo			1	
	Descrição			1	
	Redação de Texto			3	
	Redação de Poema			1	
	Pontuação de texto a partir de audição			1	
	Texto informativo	2			
	Gramática				6
	Autoavaliação	1	1	1	1

ME – *Pretextos* - 5					
Secção do manual	Atividades	Competência			
		Leitura	Oralidade	Escrita	Conhecimento explícito da língua
2- A Casa dos Ursos	Leitura (compreensiva)	13			
	Audição de texto/ compreensão		2		
	Apresentação oral: onomatopeias		1		
	Visualização resumo de filme/reconto oral		1		
	Audição de texto/ ordenação		1		
	Antecipação de texto a partir de imagens		3		
	Audição de reportagem/ compreensão		3		
	Análise de imagem/ descrição		2		
	Apresentação oral: descrição		1		
	Descrição			1	
	Pesquisa/elaboração de ficha bibliográfica			1	
	Produção de texto a partir de imagem			1	
	Produção de texto: história			1	
	Redação de lembrete			1	
	Redação de recado			1	
	Redação de Texto			1	
	Redação de Texto: descrição			1	
	Gramática				4
	Autoavaliação	1	1	1	1

ME – ***Pretextos - 5***					
Secção do manual	Atividades	Competência			
		Leitura	Oralidade	Escrita	Conhecimento explícito da língua
3 - O Alfaiate Valente	Leitura (compreensiva)	8			
	Apresentação oral: descrição sentimentos		1		
	Apresentação oral: dramatização		1		
	Audição de poema/ compreensão		1		
	Audição de poema/ completar rimas		1		
	Apresentação oral de poema do aluno		1		
	Audição de texto: descrição do contexto		1		
	Audição de conto/ compreensão		1		
	Representação de texto dramático		1		
	Resumo			1	
	Texto dramático: continuação de história			1	
	Descrição de espaço			1	
	Relato			1	
	Redação de poema			1	
	Reescrita de texto/ substituição expressões			1	
	Retrato			1	
	Redação de texto dramático			1	
	Gramática				4
	Autoavaliação	1	1	1	1

ME – *Pretextos - 5*					
Secção do manual	Atividades	Competência			
		Leitura	Oralidade	Escrita	Conhecimento explícito da língua
4 - O Rapaz Travesso	Leitura (compreensiva)	11			
	Apresentação oral: reportagem		1		
	Audição de poema/ Compreensão		2		
	Antecipação de texto: Imagem/título		1		
	Audição de texto/ compreensão		1		
	Prestar informações a partir de imagem		1		
	Análise de imagem/ descrição		1		
	Relato			1	
	Redação de poema			1	
	Diário			1	
	Redação de quadras			1	
	Diálogo/máximas conversacionais			1	
	pesquisa internet/receitas angolanas			1	
	Elaboração paráfrases de sinopse de livro			1	
	Gramática				5
	Autoavaliação	1	1	1	1

ME – *Pretextos - 5*						
Secção do manual	Atividades	Competência			
		Leitura	Oralidade	Escrita	Conhecimento explícito da língua
5 - Branca de Neve e os Sete Anões	Leitura (compreensiva)	10			
	Apresentação Oral: a solidariedade		1		
	Exposição oral: boato		1		
	Exercícios de articulação, entoação, pausa...		1		
	Audição de texto/ compreensão		1		
	Apresentação de questões sobre o texto		1		
	Texto de opinião: A solidariedade			1	
	Análise de imagem: escrever boato			1	
	Texto de opinião: análise de revista (Visão)			1	
	Texto descritivo a partir de imagem			1	
	Relato			1	
	Transformação de texto para dramatização			1	
	Análise de imagem: escrever autorretrato			1	
	Gramática				5
	Autoavaliação	1	1	1	1

ME – *Pretextos - 5*					
Secção do manual	Atividades	Competência			
		Leitura	Oralidade	Escrita	Conhecimento explícito da língua
6 - A Cigarra e a Formiga	Leitura (compreensiva)	7			
	Audição texto/ correspondência a imagem		1		
	Audição texto/ compreensão		1		
	Realização de reportagem		1		
	Dinamização de debate		1		
	Realização de entrevista		1		
	Representação de peça de teatro		1		
	Análise de imagem/ descrição oral		1		
	Texto de opinião: contos escritos por alunos		1		
	Audição de texto: ditado		1		
	Audição de história em verso/compreensão		1		
	Antecipação de assunto: capas de livros		1		
	Análise de imagem/ descrição			1	
	Redação de história a partir de imagem			2	
	Artigo de opinião: trabalho e lazer			1	
	Gramática				5
	Autoavaliação	1			1
Totais		73	61	47	37

MF – *Etapas 5*					
Secção do manual	Atividades	Competência			
		Leitura	Oralidade	Escrita	Conhecimento explícito da língua
Unidade 0 – O Caminho que já fizemos	Leitura (compreensiva)	3			
	Audição de texto/ compreensão		1		
	Apresentação oral à turma/ professor(a)		1		
	Redação texto a partir de banda desenhada			1	
	Gramática				1
Unidade 1 – Histórias do Arco-da-velha	Leitura (compreensiva/ expressiva/dialogada)	6			
	Audição de texto/ compreensão		3		
	Texto oral: sequência de enunciados		1		
	Dramatização de fábula		1		
	Reconto			1	
	Texto narrativo			1	
	Reconto de lenda			1	
	Criação de fábula original			1	
	Gramática				4
	Textos informativos	14			
	Balanço das atividades	1	4	4	3
	Ficha formativa	2		1	1

MF – *Etapas 5*					
Secção do manual	Atividades	Competência			
		Leitura	Oralidade	Escrita	Conhecimento explícito da língua
Unidade 2 - Era Uma Vez...Em Português	Leitura (compreensiva/ expressiva/dialogada)	9			
	Reconto oral		1		
	Organização concurso de contos/discussão		1		
	Visualização de vídeo/ compreensão		1		
	Reconto oral (lenda)		1		
	Redação de biografia			1	
	Convite			1	
	Legendar imagens/rotina diária			1	
	Retrato Físico/psicológico			1	
	Gramática				4
	Textos informativos	9			
	Balanço das atividades	2	1	3	1
	Ficha formativa	1		1	1
Unidade 3 - Cantos e Embalos	Leitura (compreensiva/ expressiva)	14			
	Audição de poema/ compreensão		2		
	Reconto oral		1		
	Apresentação oral de poema		1		
	Visualização de vídeo/ compreensão		1		
	Redação de biografia			1	
	Texto expressivo (completar poema)			1	
	Redação de boletim meteorológico			1	
	Redação de poema			2	
	Gramática				4
	Textos informativos	12			
	Balanço das atividades	3	1	2	2
	Ficha formativa	2		1	1

MF – *Etapas 5*					
Secção do manual	Atividades	Competência			
		Leitura	Oralidade	Escrita	Conhecimento explícito da língua
Unidade 4 - Contos e Outros Cantos	Leitura (compreensiva/expressiva/dialogada)	8			
	Audição de história/compreensão		1		
	Audição de história/opinião		1		
	Audição de entrevista/compreensão		1		
	Descrição			1	
	Aplicação inquérito/redação conclusões			1	
	Redação de entrevista			1	
	Continuação de conto			1	
	Gramática				4
	Textos informativos	8			
	Balanço das atividades	3		4	1
	Ficha formativa	1		1	1
Unidade 5- Histórias e Artimanhas	Leitura (compreensiva)	10			
	Visualização de vídeo/compreensão		1		
	Visualização série televisiva/compreensão		1		
	Audição radiofónica romance/compreensão		1		
	Observação de imagem/descrição		1		
	Redação de texto			1	
	Pesquisa internet/carta organização visita			1	
	Redação de anúncio			1	
	Descrição			1	
	Redação receita culinária			1	
	Gramática				4
	Textos informativos	7			
	Balanço das atividades	3	1	1	1
	Ficha formativa	1	1	1	1

MF – *Etapas 5*					
Secção do manual	Atividades	Competência			
		Leitura	Oralidade	Escrita	Conhe-cimento explícito da língua
Unidade 6 - À Boca de Cena	Leitura (compreensiva/ expressiva/dialogada)	9			
	Audição de peça de teatro/ compreensão		3		
	Dramatização de texto		4		
	Observação de imagem/ descrição		1		
	Visualização de vídeo/ compreensão		1		
	Redação de diálogo (texto dramático)			2	
	Resumo de história			1	
	Redação crítica dos textos dramáticos			1	
	Elaboração de cartaz			1	
	Gramática				4
	Textos informativos	10			
	Balanço das atividades	3	1	4	1
	Ficha formativa	1		1	1
Totais		142	41	52	40

ANEXO II

PROPOSTAS DE ATIVIDADES PARA ESTIMULAR PRÁTICAS DE COMUNICAÇÃO VERBAL

Sequência Didática

Leitura

- **Público-alvo** – 2° ciclo – 5°Ano.
- **Tempo:** 90 minutos.
- **Tipo de Atividade:** Leitura.
- **Competência:**
  - Ler para construir conhecimento.
    - **Descritores de Desempenho:**
      - Ler de modo autónomo, em diferentes suportes, as diferentes instruções de atividades ou tarefas;
      - Detetar o foco da pergunta ou instrução, de modo a concretizar a tarefa a realizar;
      - Utilizar técnicas adequadas de tratamento da informação:
        - Sublinhar;
        - Esquematizar;
        - Preencher grelhas de registo.
      - Antecipar o assunto de um texto, mobilizando conhecimentos anteriores;
      - Fazer uma leitura que possibilite:
        - Confirmar hipóteses previstas;
        - Identificar o contexto a que o texto se reporta;
        - Identificar pelo contexto ou pela estrutura interna o sentido de palavras, expressões ou fraseologia desconhecida.
    - Ler em voz alta com fluência e expressividade para partilhar informações e conhecimentos.

- **Conhecimentos Prévios:**

Para realizar esta tarefa, pressupõe-se que os alunos já conheçam o texto narrativo e o texto descritivo e alguns conceitos relacionados, como título, ilustração, espaço, tempo, ação e que já tenham elaborado anteriormente esquemas, quadros, mapas de ideias e de conceitos.

- **Competência Associada:**

Escrita, Expressão oral e compreensão oral.

Apresentação da Atividade:

A sequência didática apresentada pretende trabalhar as competências da leitura e apresentar um percurso possível de exploração de um texto narrativo ou um descritivo.

Antes da leitura

Antecipação da leitura - Mobilização de conhecimentos prévios.

Exploração das imagens - Perguntar aos alunos o que sugerem determinadas imagens sobre o conteúdo do texto.

Registo no quadro dos aspetos salientados a partir da imagem.

Audição do texto – compreensão do oral.

- Leitura em voz alta pelo professor.

- Verificar se as hipóteses colocadas na análise das imagens correspondem ao conteúdo do texto.

- Identificar duas afirmações falsas.

☐ A ação desta narrativa decorre na ilha de S. Tomé.

☐ A ação passa-se no verão.

☐ A baía chama-se Ana Chaves.

☐ A autora saiu da aerogare de autocarro.

Leitura:

- Distribuição do texto para leitura silenciosa e depois em voz alta.

- Mapeamento.

Quando? - Transcrever um elemento que localize a ação no tempo. •	**Onde?** - Transcrever dois elementos que localizam a ação no espaço. • •
Quais os momentos principais? - Transcrever uma expressão que indique a chegada à ilha. •	**Quem?** - Identificar o narrador • O narrador é presente ou ausente? •

Vocabulário

- Aprofundar a compreensão do texto/vocabulário. Sublinhar palavras ou expressões difíceis e procurar o seu significado. Se necessário, recorrer ao dicionário.

Descrição da paisagem

- Referir os vários elementos da paisagem da ilha.

  - À saída do avião

____

____

____

____

  - No largo da aerogare

____

____

____

____

  - Durante a viagem de táxi

____

____

____

____

Após a leitura

- Indicar a imagem que mais se aproxima da descrição e explicar as razões da escolha.
- Responder oralmente se gostaria de visitar a ilha de S. Tomé e porquê?

Lembrando S. Tomé

O avião começara a baixar sobre a ilha de S. Tomé. Sentada no meu lugar, ao lado da janela, com as mãos fazendo concha sobre os olhos, procurava ver a noite. Apenas a escuridão em volta. E, de repente, as luzinhas brilharam. Respirei fundo. Pouco depois, as portas abriram-se e desci as escadas, recebendo no rosto uma golfada de ar quente e húmido, denso e perfumado, que cheirava a terra húmida e que sufocava. Respirei o ar pesado, o peito doía. O suor molhava a testa e descia-me pelas costas.

Lá fora, a noite negra, Era a estação das chuvas e sentia-se, forte, no bafo da noite, o perfume enjoativo da terra, dos frutos maduros, da canela, das flores. Olhei, numa curiosidade imensa. No largo da aerogare, vi árvores de flores brancas, magnolias perfumadas, e sebes de ibiscos cor de chá, os trincos duros e fibrosos das rosas de porcelana.

O motorista veio pegar-me na mala. Recostei-me no cabedal gasto, abri a janela procurando um fresco inexistente e fiquei de olhos presos nas praias de areia branca, nas filas de coqueiros inclinadas para o mar, de repente, na escuridão, o fulgor de uma baía de contornos delicados suavemente iluminada pela lua amarela, com o reflexo dos barcos parados, baloiçando-se lentos nela, a escuridão das águas negras, e a espuma das ondas a brilhar numa lâmina de luar. Olhei, fascinada. Era a baía de Ana Chaves que nunca esquecerei. O taxi continua. Viro-me ainda para a ver pelo vidro sujo, abaixo do recorte da floresta com as primeiras casas baixas, à entrada da cidade.

Agora, do meio da noite, entre o mar e a estrada surgem árvores gigantescas, as grossas raízes retorcidas à flor da terra, ao lado da baulustrada branca que corre ao longo da água.

(in Ilhas na Bruma, de Maria João Falcão)

Sequência Didática

Escrita

- **Público-alvo** - 2º ciclo - 5ºAno.
- **Tempo:** 90 minutos.
- **Tipo de atividade:** Redação de um texto de opinião.
- **Descritores de desempenho:**

Escrever para construir e expressar conhecimentos.

- Fazer um esboço prévio ou guião do texto:
    - Estabelecer objetivos;
    - Selecionar conteúdos;
    - Organizar e hierarquizar informação.
- Redigir o texto.
    - Selecionar o vocabulário ajustado ao conteúdo;
    - Dar ao texto a estrutura compositiva e o formato adequados;
    - Respeitar regras de utilização da pontuação;
    - Adotar as convenções ortográficas estabelecidas.
- Rever o texto, aplicando procedimentos de reformulação.
    - Acrescentar, apagar, substituir.

Falar para construir conhecimento.

- Produzir textos orais:
    - Exprimir o(s) conhecimentos e emitir opiniões.

- **Conhecimentos prévios:**

Para realizar esta atividade, os alunos deverão ser capazes de mobilizar e desenvolver os seguintes conteúdos:

- planificação de textos;
- textualização;
- configuração gráfica: pontuação e sinais auxiliares de escrita; ortografia;
- Estrutura de um texto de opinião: título, introdução, desenvolvimento e conclusão.

- **Competência Associada:** Expressão oral.

APRESENTAÇÃO DA ATIVIDADE

A atividade proposta tem início com a audição de uma música. O objetivo é preparar os alunos para a produção de um texto de opinião.

Considerou-se pertinente a audição da música, na medida em que ela pode ajudar os alunos a construírem o seu texto e a manifestarem a sua opinião sobre o que consideram importante num amigo.

Na seleção da música, teve-se em consideração a letra e a forma lúdica como o tema a trabalhar pode ser apresentado aos alunos.

SEQUÊNCIA DA ATIVIDADE

Ponto de Partida (criação do contexto).

Fazer ouvir a canção. A audição da música/letra constituirá, assim, uma forma de preparar os alunos para a produção do texto.

1° passo (oralidade)

Responder às questões:

- *Gostaste da canção?*
- Porquê?

O professor pergunta aos alunos se gostaram da canção e porquê. Através da exposição oral, pretende-se que os alunos exprimam a sua opinião e desenvolvam a sua capacidade de comunicação. Pressupõe-se que esta atividade também ajude a refletir sobre o tema do texto.

2° passo (Planificação/redação)

Nesta fase pedir aos alunos que comecem por atribuir um título ao seu texto. De seguida, e embora seja um texto de opinião, direcionam-se os alunos para uma escrita sequencial, tal como referido no Guião para a implementação da Escrita (pág. 119). À semelhança do texto narrativo, o texto de opinião deve seguir a mesma estrutura: uma parte introdutória onde se faz referência ao assunto a tratar; outra de desenvolvimento em que são expressos os pontos de vista, as argumentações;e uma última parte conclusiva onde se vinca a opinião formulada.

Neste caso poderão ser dadas as seguintes diretrizes:

Introdução

- Identificar o tema socorrendo-se por exemplo da questão: o que é um amigo?

Desenvolvimento

- Apresentação da informação: onde os alunos expressam os seus pontos de vista/opiniões sobre o que é um amigo, quais as características mais importantes que um amigo deve ter...
- Fornecer aos alunos expressões que facilitem a redação do texto:

na minha opinião...	penso que...	acho que...	julgo que...

Conclusão

- Resumo das opiniões formuladas com recurso a, por exemplo, uma frase-síntese.

<u>3° Passo</u> (Revisão do texto)

Rever o texto, verificando se:

- Respeitou o tema;
- Correspondeu à planificação;
- Escreveu e acentuou corretamente as palavras;
- Pontuou e construiu corretamente as frases;
- As ideias estão bem explícitas;
- Respeita a extensão pedida.

O professor neste caso pode fornecer uma grelha de autocorreção e como opção pode pedir para os alunos trocarem os textos com um colega de forma a procederem à autocorreção.

Exemplo de uma grelha de autocorreção.

Grelha de autocorreção	Sim	Não
Respeitei o tema proposto?		
Dei um título ao texto?		
Cumpri a planificação?		
Escrevi com letra legível?		
Marquei bem os parágrafos?		
Utilizei as maiúsculas corretamente?		
Cumpri as regras de acentuação?		
Apliquei as regras de translineação?		
Pontuei corretamente o texto?		
Evitei repetições utilizando palavras como pronomes, sinónimos, expressões equivalentes?		
Tive cuidado com a apresentação gráfica do texto?		

Canção

Leal e Profundo[1]

Amigo leal e profundo,
Não se encontram em qualquer parte do mundo
Companheiro de conversas e andanças
Sempre disposto a acompanhar
As minhas mudanças

Amigo que nos ouve e aconselha,
Amigo que nos lê o coração
Amigo que não espera nada em troca
É o amigo...

A verdadeira amizade constrói-se
Com o tempo e com a idade
É necessário ter um amigo com sinceridade.

Porque palavras são palavras
Nelas me esgueiro e escondo
Nessa altura faz-me falta o amigo

Porque
É o amigo leal, o amigo profundo
É o amigo que procuramos e desejamos
} refrão

Com ele fazemos paródias de férias
Também falamos de coisas sérias
Não quero um amigo para dar azar ou sorte
Quero um amigo até a morte

Porque
é o amigo leal, o amigo profundo
É o amigo que procuramos e desejamos
Porque é o amigo...
} refrão

Letra: Rui Ramos
Música: Daniel Dias

[1] Faz parte do Cd Poésica "*Letras minhas, sons teus*" (2012). Évora: Editora Playverse

Sequência Didática

Conhecimento Explícito da Língua

- **Público-alvo** – 2° ciclo – 5°Ano.
- **Tempo:** 90 minutos.
- **Tipo de Atividade:** Mobilização do conhecimento e treino; Construção de conhecimento; treino.
- **Descritores de Desempenho:**
  - Distinguir os constituintes principais da frase.
    - Frase e constituintes da frase:
      - Grupo nominal.
      - Grupo verbal.
      - Grupo preposicional.
- **Conhecimentos Prévios:**

  Grupo nominal, grupo verbal, nome, verbo, preposição.
- **Questão a que responde:**

  Como é constituído o grupo preposicional?

Apresentação da Atividade:

A sequência didática apresentada pretende trabalhar as competências no domínio do Conhecimento Explícito da Língua e insere-se no Plano Sintático.

	Língua Portuguesa 5º ANO

Nome: .... nº .... Turma ....

FICHA DE TRABALHO

Hoje vais:

- Relembrar os constituintes da frase: grupo nominal (GN) e grupo verbal (GV).
- Focar o grupo preposicional.

Recorda:

✓ Muitas frases são constituídas por dois grupos fundamentais:
- grupo nominal – GN
- grupo verbal - GV

✓ O **nome** é a palavra principal do grupo nominal.
O **verbo** é a palavra principal do grupo verbal.

✓ O GN e o GV da frase têm, entre si, uma relação de concordância: se o GN é singular o GV também é singular; se o GN é plural o GV também é plural.
Normalmente, o GN vem antes do GV.

(http://www.sitiodosmiudos.pt)

1. Identifica o grupo nominal e o grupo verbal nas seguintes frases:

a. As cegonhas chegaram.
b. Elas constroem os ninhos em lugares altos.
c. Eu vejo os filhotes no ninho.
d. Todos aguardam comida.
e. Estas aves são migratórias.

2. Associa a cada grupo nominal o grupo verbal respetivo.

1 – Nem todas as aves	**A** – não emigram.
2 – Os pardais	**B** – constroem os ninhos nos beirais.
3 – O pombo	**C** – é o símbolo da sabedoria.
4 – O mocho	**D** – são migratórias.
5 - Eu	**E** – tem grande sentido de orientação.
6 – As andorinhas	**F** – tenho um papagaio.

1 - ……... 2 - …….. 3 - …….. 4 - …….. 5 - …….. 6 - ………

3. Constrói frases, inventando os grupos constituintes em falta

a. (GN) é uma ave de rapina.

……………………………………………………………………………………………

b. O meu canário (GV)

……………………………………………………………………………………………

c. (GN) é a minha ave favorita.

……………………………………………………………………………………………

d. Os espantalhos (GV)

……………………………………………………………………………………………

e. (GN) põem ovos.

……………………………………………………………………………………………

f. O periquito (GV)

……………………………………………………………………………………………

Conclui:

✓ O ……………………………funciona como uma unidade sintática e é constituído por um nome ou por uma sequência de palavras cujo núcleo é um nome ou um pronome.

✓

✓ O grupo verbal funciona como uma unidade sintática e é constituído por um ……………………………, por um complexo verbal ou ainda por uma sequência de palavras cujo núcleo é o verbo.

Aprende:

✓ Muitas frases, além do grupo nominal e do verbal, apresentam outros constituintes, entre eles, o **grupo preposicional**, que é sempre introduzido por uma **preposição** e que pode desempenhar diferentes funções sintáticas.

4. Identifica em cada uma das frases, um grupo preposicional de acordo com o modelo.

A Rita deu um casal de periquitos <u>a uma amiga</u>.

a. O João tem dois canários em casa.
b. De noite os mochos piam.
c. A gaiola é de madeira.
d. A minha arara veio do Brasil.

5. Identifica os grupos constituintes das frases de acordo com o modelo.

<u>As cegonhas</u> <u>partem</u> <u>no Outono</u>.

a. Elas vão para a Tunísia.
b. Na primavera, as andorinhas voltam a Portugal.

Conclui:

✓ O .... funciona como uma unidade sintática e é constituído por uma ou mais palavras precedidas por uma **<u>preposição</u>**.

Treina:

1. Completa para concluíres.

O grupo verbal é o grupo da frase em que a palavra principal é o.....................................; por sua vez, a palavra principal do grupo nominal é o .... ou um .... Encontrando o verbo, posso dividir a frase nos seus dois grupos principais, que são: o grupo.................................. e o grupo ....

2. Conclui, escolhendo a opção correta.

As preposições são palavras ***variáveis/invariáveis***, que ***podem/não podem*** aparecer sozinhas e introduzem um grupo proposicional. São usadas para ***caracterizar/ligar*** palavras.

3. Divide a frase que se segue nos seus dois grupos principais - o grupo nominal e o grupo verbal - e escreve-os nos retângulos correspondentes.

«Animais salvos na Holanda chegam ao zoo de lagos»

Grupo Nominal	Grupo Verbal

4. Na frase seguinte há três nomes. Sublinha-os.

«A minha mãe comprou canários à Tia Luísa.»

4.1. Esses nomes são as palavras principais dos grupos nominais da frase. Indica o grupo nominal:

a. Que é constituído pelo nome e por determinantes, e não faz parte do grupo verbal;

....

b. Que é constituído só pelo nome e acompanha o verbo no grupo verbal;

....

c. Que é introduzido por «à» e acompanha o verbo no grupo verbal

....

5. Classifica cada uma das seguintes frases como verdadeira ou falsa, justificando com exemplos.

a. O grupo nominal nunca faz parte do grupo verbal.

b. Uma frase pode apresentar vários grupos nominais.

6. Observa a tira de BD e sublinha o **<u>único</u>** grupo preposicional existente.

7. Escreve frases em que utilizes os grupos preposicionais que se seguem.

a. com a Maria

....

b. no parque

....

c. à casa da Mariana.

....

Recorda:

✓ Os constituintes fundamentais da frase (GN e GV) não se podem separar com vírgulas.

8. Lê, atentamente as seguintes frases e responde às perguntas que se seguem:

a. O meu filho Daniel joga andebol.

b. A Catarina adormeceu.

c. O barco do Miguel flutua.

d. A praia é longe

- Identifica o grupo verbal (GV) de cada uma das frases.

- Identifica o grupo nominal (GN) com função de sujeito de cada uma das frases.

- Substitui os grupos nominais com função de sujeito por um pronome pessoal.

a. ....

b. ....

c. ....

d. ....

Conclui:

1. O grupo nominal tem a função sintática de **sujeito** ou de **complemento direto**.
2. O grupo verbal tem a função sintática de **predicado**.

Sequência Didática

Oralidade - Expressão Oral

- **Público - alvo:** 2° ciclo - 5° ano.
- **Tempo:** 90 minutos.
- **Tipo de Atividade:** Trabalho de pesquisa sobre os Romanos na Península Ibérica.
- **Descritores de Desempenho:**

Falar para construir e expressar conhecimento

- Usar a palavra de modo audível, com boa dicção e um débito regular.
- Produzir textos orais:
  - Combinar com coerência uma sequência de enunciados;
  - Captar e manter a atenção de diferentes audiências;
  - Apoiar-se em recursos audiovisuais, informáticos ou outros;
  - Exprimir o(s) conhecimento(s), através de um discurso convincente e com alguma complexidade.

- **Conteúdos**
  - Texto Oral (tipologia textual - Texto expositivo);
  - Articulação, acento, entoação, pausa.
- **Conhecimentos Prévios**

Para realizar esta atividade espera-se que os alunos já tenham contactado e trabalhado com textos multimodais e sejam capazes de produzir textos orais em função de intenções de comunicação específicas, e usem a palavra de modo audível, com boa dicção e débito regular, apoiando-se em vários recursos audiovisuais, informáticos ou outros.

- **Competências Associadas:** Leitura, Escrita.

Apresentação da atividade:

A sequência didática apresentada pretende trabalhar as competências orais dos alunos, mais concretamente a expressão oral.

Preparação de uma comunicação oral, entre 10 a 15 minutos, sobre os Romanos na Península Ibérica[2]. O trabalho será realizado em grupo ou a pares e apresentado à turma.

Planeamento da apresentação:

- Recolher informações sobre o tema[3] recorrendo aos manuais de História e Geografia de Portugal, internet ou outros livros. Se possível, o professor pode optar por fazer uma deslocação à biblioteca da escola para os alunos poderem recolher a informação nos recursos disponíveis nesse espaço. Outra opção é requisitar alguns computadores e/ou livros pré-selecionados sobre o tema e trabalhar na sala de aula.
- Seleção da informação recolhida considerada relevante para conhecer melhor os Romanos, as suas principais influências, o seu legado, e as suas principais obras...;
- Organização da informação por tópicos;
- Elaborar um plano para a apresentação oral, nomeadamente aquilo que se vai dizer. Escrever um texto a partir desse plano;
- Escolha do(s) suporte(s) a utilizar (quadro e giz ou marcador, cartazes, projeção em PowerPoint...).

Exemplo de um plano:
Quem foram os Romanos?
Qual o seu local de origem?
Qual era a grande ambição dos Romanos?
Que produtos eram explorados pelos Romanos na Península Ibérica?
Qual o povo que resistiu aos Romanos na Península Ibérica?
Qual o seu principal legado, as suas obras e influências?

Execução

Apresentação oral do trabalho à turma. Se possível, gravar a apresentação e analisar posteriormente de modo a salientar melhor os pontos fortes e os pontos fracos.

Avaliação

Análise dos produtos verbais através de grelhas de avaliação.

[2] O tema pode variar de acordo com as preferências dos alunos e professor ou dos conteúdos a abordar, nomeadamente noutras disciplinas.
[3] O professor deve facultar alguns recursos, nomeadamente livros, sites da internet...

Sequência Didática

Oralidade - Compreensão Oral

- **Público - alvo:** 2° ciclo - 5° ano.
- **Tempo:** 90 minutos.
- **Tipo de Atividade:**
- **Descritores de Desempenho:**

Escutar para aprender e construir conhecimento

- Prestar atenção ao que ouve, de modo a tornar possível:
  - Cumprir instruções dadas;
  - Responder a perguntas acerca do que ouviu;
  - Explicitar o assunto, tema ou tópico;
  - Fazer inferências e deduções.
- Utilizar procedimentos para reter e alargar a informação recebida:
  - Preencher grelhas de registo.

Falar para construir e expressar conhecimento

- Usar da palavra de modo audível com boa dicção e num débito regular.
- Respeitar princípios reguladores da atividade discursiva:
  - na justificação do ponto de vista.
- Produzir textos orais:
  - exprimir conhecimentos, emitir opiniões, construir uma argumentação, através de um discurso convincente e com alguma complexidade.

Ler para construir conhecimento

- Detetar o foco da pergunta ou instrução, de modo a concretizar a tarefa a realizar;
- Antecipar o assunto de um texto, mobilizando conhecimentos anteriores.
- Utilizar técnicas adequadas ao tratamento da informação:
  - Preencher grelhas de registo.

- **Conteúdos**
  - Ouvinte;
  - Discurso, universo de discurso.
- **Conhecimentos Prévios**

Para o sucesso da atividade é importante que o aluno domine estratégias de compreensão oral, nomeadamente ouvir para captar e entender a ideia principal do texto, ouvir com o propósito de selecionar informação específica, ouvir para tomar notas do que foi ouvido

- **Competências Associadas:** Leitura, Escrita.

Apresentação da atividade:

Pelas suas características específicas (ausência de suporte físico, fugacidade...), a oralidade é um domínio muito desvalorizado pelos alunos, levando-os a intervenções pouco cuidadas e desorganizadas. Para contornar esse problema, propõe-se esta sequência, pretendendo conduzir os alunos a processos de valorização e organização do discurso oral. Poder-se-á considerar uma sequência mista, pois envolve todas as outras competências, além da oralidade.
Com esta proposta, pretende-se que os alunos, num momento inicial de visualização de imagens e escuta de um texto, desconstruam algumas expetativas, levando-os, assim, a valorizar o texto escutado em anexo.

Antes de ouvir

O professor projeta um diapositivo (powerpoint), com uma imagem de uma consola e pergunta aos alunos o que a imagem lhes suscita;

Troca de impressões com registo no quadro das hipóteses levantadas pela turma.

Audição

O professor explica que os alunos irão ouvir um texto informativo sobre a ligação da consola (Xbox 360) ao televisor e sistema de áudio.

Não se farão quaisquer comentários após esta primeira audição.

Realizar-se-á uma segunda audição e de seguida os alunos preenchem a ficha de trabalho utilizando para o efeito as palavras dadas.

Depois da audição

Depois de os alunos terem completado os espaços, far-se-á uma última escuta, para autocorreção do exercício. Podem-se trocar as fichas entre os alunos para eles corrigirem as fichas uns dos outros. No final será feita a correção oral do questionário e contabilizadas as respostas certas.

Avaliação

Observação direta da participação e empenho na atividade;
Observação, com registo de realização de tarefas.

Manual de instruções:

LIGAR AO SEU TELEVISOR E SISTEMA DE ÁUDIO

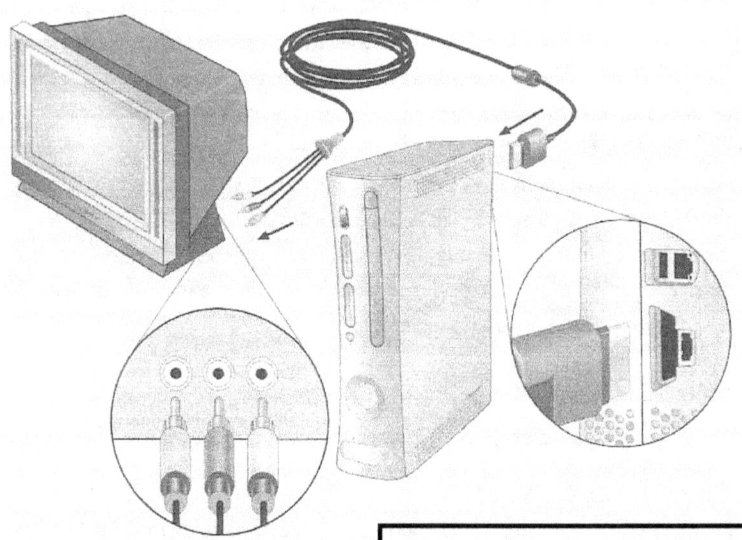

IMPORTANTE

As imagens estáticas nos videojogos podem "queimar" determinados ecrãs de televisão, criando uma sombra permanente. Consulte o manual do fabricante do seu televisor antes de jogar.

Ligar o Cabo AV Composto

Utilize o seu cabo AV composto para ligar a consola ao televisor.

Para ligar a um televisor normal:

1 Ligue a ficha do cabo AV composto à porta AV na consola.

2 Insira as fichas coloridas nas respectivas entradas do adaptador SCART e ligue o adaptador SCART ao televisor: amarelo com amarelo (vídeo), encarnado com encarnado (áudio lado direito) e branco com branco (áudio lado esquerdo). Pode também ligar o áudio a um sintonizador estéreo.

Nos televisores monofónicos, os quais têm apenas uma entrada de áudio, insira a ficha de áudio direita ou esquerda na entrada de áudio.

Se o seu televisor não tiver uma ficha SCART, ligue as fichas coloridas nas respectivas entradas na parte de trás do televisor.

3 Seleccione a entrada de vídeo apropriada no televisor (consulte "Sem Imagem" em "Resolução de Problemas" para obter mais informações).

Depois de configurar a consola, pode configurar definições adicionais para o áudio da consola e testar a sua ligação na Interface Xbox. Mas antes de o fazer, efectue os passos apresentados nas páginas seguintes para efectuar a ligação à alimentação de electricidade, ligar o controlador e aplicar outras definições iniciais necessárias.

Outros Tipos de Entrada de AV

Pode também ligar a consola a outros tipos de entrada no televisor através do Cabo AV Alta Definição Xbox 360, do Cabo SCART Xbox 360, do Cabo AV Alta Definição VGA Xbox 360 ou do Cabo AV HDMI Xbox 360 (vendidos em separado). Para mais informações, visite www.xbox.com/setup.

Ler o texto demarcado a verde.

Ficha de trabalho

Compreensão Oral

Nome:..

1. Regista o assunto de que trata o texto.

....

2. Observa as palavras abaixo e usa-as para completar os espaços.

Nomes	adjetivos	verbos
consola	coloridas	insere
parte		seleciona
cabo		liga
televisor		configura
ficha		testa
adaptador		
áudio		
televisores		
vídeo		

Utiliza o .... AV composto para ligar a .... ao ....

Para ligar a um televisor normal:

Liga a .... do cabo AV composto à porta AV na consola.

.... as fichas .... nas respetivas entradas do adaptador Scart e liga o .... Scart ao televisor.

Podes também ligar o.................................. a um sintetizador estéreo.

Nos .... monofónicos, os quais têm apenas uma entrada de áudio, insere a ficha áudio na entrada de áudio.

Se o televisor não tiver uma ficha Scart, ... as fichas coloridas nas respetivas entradas na .... de trás do televisor.

.... a entrada de .... apropriada no televisor.

.... as definições adicionais para o áudio de consola e .... a sua ligação na interface Xbox.

ÍNDICE

www.ingramcontent.com/pod-product-compliance
Lightning Source LLC
LaVergne TN
LVHW080626160826
845677LV00007B/1454